Bruno Osimo

LA LINGUA NON SALVATA

Case study di strategia traduttiva

Sulla base delle tesi di Serena Gullo e Anna Bertinelli presso la Civica Scuola per Interpreti e Traduttori «Altiero Spinelli» di Milano nel 2019

Bruno Osimo è un autore/traduttore che si autopubblica

La stampa è realizzata come print on sale da Kindle Direct Publishing

ISBN 9788831462198 per l'edizione cartacea
ISBN 9788831462204 per l'edizione elettronica

Contatti dell'autore-editore-traduttore: osimo@trad.it

Sommario

La lingua non salvata

Introduzione

Quando leggiamo un libro tradotto, a volte ci viene spontaneo improvvisare un parere sulla traduzione, bella, brutta, scorrevole, difficile... ma nella maggior parte dei casi il nostro giudizio (e per la verità anche quello di molti recensori) si basa sulla sola lettura in italiano, senza prendere in considerazione cosa c'era scritto nell'originale né come era scritto. Questo elemento può essere trascurabile per una letteratura d'intrattenimento, ma quando si tratta di giganti della letteratura credo che i lettori sarebbero molto più interessati a leggere un testo non astrattamente "bello", ma che assomigliasse il più possibile all'originale.

L'analisi contenuta in questo libretto si basa sul materiale empirico delle prime pagine di *La lingua salvata* di Elias Canetti, uno dei massimi narratori del Novecento, premio Nobel per la letteratura nel 1981. Due tesi della Civica «Altiero Spinelli» – in appendice – nel 2019 si sono cimentate nell'analisi comparativa tedesco-italiano delle prime pagine del memoir secondo il metodo Valutrad[1]. E il curatore – nell'introduzione – cerca di trarne alcune congetture sul modo in cui la nostra cultura affronta la questione del rapporto con le culture altre – e i loro autori.

I nomi dei traduttori e degli editori sono menzionati solo nei riferimenti bibliografici, perché è giusto che chi è interessato possa sapere su quale materiale empirico si basa questa ricerca, ma non sono menzionati altrove, perché il nostro punto non è polemizzare o criticare con chicchessia, ma **descrivere alcuni valori impliciti**

---

[1] Vedi Appendice 3.

nella nostra cultura, desumibili da questa analisi.
Quello che noi sappiamo per certo è che la versione italiana di questo libro è sul mercato da quarant'anni esatti (1980) e, a quanto ci risulta, in questi quattro decenni mai una voce si è levata per criticare questa traduzione. Questo a livello empirico significa semplicemente che, per la nostra cultura, questa traduzione è perfettamente accettabile.

Ma che cosa significa, per una cultura, trovare accettabile un certo modo di tradurre? Significa esplicitare, nero su bianco, che cosa in questa cultura si pensa della letteratura e dell'arte, che cosa si pensa del pubblico dei lettori, che cosa si pensa che vada offerto al pubblico dei lettori, che cosa si pensa delle altre culture.

Avere una casa editrice significa – che se ne sia consapevoli o no – concepire una strategia traduttiva. E concepire una strategia traduttiva – che se ne sia consapevoli o no – significa dichiarare come si pensa che sia il proprio lettore modello: ignorante o cólto, curioso o apatico, interessato alla diversità o desideroso di conferme. E significa anche dichiarare come si pensa che sia il testo originale del proprio autore tradotto: un libro "sacro" da presentare con rigore filologico perché il lettore italiano possa accostarvisi con interesse pur non conoscendo la lingua dell'originale, oppure una minchiatina d'intrattenimento, un passatempo da una botta e via, valido per trascorrere qualche ora distraendosi dalla realtà.

Approfittando dell'eccellente lavoro delle mie due allieve Serena Gullo e Anna Bertinelli, riportato in sintesi in appendice, qui di séguito tento alcune considerazioni su cosa è possibile capire sulla nostra cultura dalla strategia traduttiva effettivamente usata in questo caso. In questo mio discorso, in cui non seguo l'ordine in cui i cambiamenti traduttivi occorrono nel romanzo, per non fare continue pause tecniche non giustifico di volta in volta la bontà dell'analisi: per questi dettagli rimando direttamente alle appendici i lettori eventualmente interessati.

Arroganza di nascita

Il giovane Elias non condivide l'orgoglio della madre di appartenere a una certa classe sociale. Essendo questo l'unico aspetto della madre che non gli va a genio, il difetto materno finisce per avere una funzione di "vaccinazione", perciò portò assai per tempo Elias a schierarsi contro ogni arroganza di nascita. Come rende bene questa espressione, che vediamo in tante persone intorno a noi: un'arroganza data dalla consapevolezza di essere nati in una determinata famiglia. Peccato che l'edizione italiana la derubrichi facendola diventare un non molto comprensibile «pregiudizio».

Qui bisogna porsi il problema radicale di cosa rappresenta l'originale per l'editore: è solo uno "spunto" a cui ispirarsi per creare un testo nuovo, o è un ideale espressivo a cui si tende per cercare di emularlo in tutti i modi possibili? Per *questo* editore evidentemente la prima visione è quella seguita. Altrimenti non si capisce davvero come si possa scambiare l'arroganza per pregiudizio. Arrogante nei confronti dell'autore, e non per pregiudizio ma per giudizio opportunamente maturato, è semmai l'atteggiamento dell'editore.

Altrimenti non sarebbero spiegabili cambiamenti come «con la lama mi sfiora la lingua» al posto di «con la lama mi si avvicina alla lingua»: e sì che è l'episodio che dà il titolo al libro! La traduzione trasforma una minaccia nell'atto minacciato! Oppure l'espressione «spagnoli» per riferirsi agli ebrei sefarditi. Il lettore italiano legittimamente si domanderà, ma che ci fanno a Rustschuk, in Bulgaria, tutti questi spagnoli? Infatti, non ce n'è nemmeno uno: si tratta degli ebrei sefarditi, quel ramo della migrazione ebraica che, passando per il Nordafrica, ha varcato il Mediterraneo a Gibilterra e si è insediato in Spagna, e non sono spagnoli, ma semmai i loro antenati hanno abitato in Spagna alcune generazioni prima, prima dell'Inquisizione, quindi almeno quattro secoli prima. O come «quella contraddizione, che mi tormentava» trasformato in «quella contraddizione, che mi dispiaceva». Qui la traduzione è davvero terapeutica: trasforma un tormento in un banale dispiacere.

Sommerso da orrori/invaso da spavento

L'editore italiano ha predisposto inoltre un servizio di attutimento dello shock emotivo del lettore, utilissimo per i lettori fragili che potrebbero rimanere sconvolti da quanto scritto nell'originale. In questo contesto, la frase: «Una volta alla settimana, gli zingari si trasferivano nel nostro cortile, così tanti che mi sembravano un intero popolo, e degli **orrori di cui mi sommersero** parlerò ancora».

Il lettore italiano, per fortuna, non sente parlare di orrori sommergenti, ma solo di un grande spavento, che di certo non può avere avuto conseguenze traumatiche sul povero piccino:

«Una volta alla settimana, nel nostro cortile venivano gli zingari, tanti che mi parevano un popolo intero, e io mi sentivo **invaso da un grande spavento** di cui parlerò più avanti».

Non ho affatto l'impressione

Sempre in tema di arroganza, in un passo c'è la frase «non ho **affatto** l'impressione di mutare o deformare alcunché» al posto di «non ho l'impressione di mutare o deformare alcunché». Elias settantaduenne parla del proprio ricordo d'infanzia, e con modestia sostiene di non avere l'impressione di deformarlo. Nella versione tradotta, Elias si trasforma da modesto in borioso, assertivo, aggressivo: quell'«affatto» trasforma l'impressione in una certezza, alterando il carattere stesso di Canetti. Stessa cosa succede in quest'altro caso:

So benissimo

Il bambino sa cosa dirà e aspetta il suo ordine di mostrare la lingua. Ma d'improvviso, nella traduzione, il bambino è diventato saccente: sa **benissimo** cosa dirà. E questo trasforma un bambino sensibile e impressionabile in un antipatico presuntuoso. E non è il solo personaggio a essere dipinto in questa luce.

Mia madre si vantava

«La casta alla quale mia madre si vantava di appartenere». Questa frase descrive una donna altezzosa, snob, che si vanta di appartenere a una casta. In realtà in tedesco la frase suona come «La casta della quale mia madre si considerava parte». Non c'è quell'antipatico vanto, quell'odiosa pretenziosità. Che derivano soltanto dalle proiezioni delle persone che hanno elaborato il testo, quindi traduttori, revisori, redattori, editori. Ricordiamoci che, tranne in rarissimi casi, i traduttori non sono gli unici artefici delle scelte che poi vedono la luce.

Le grandi lingue europee

Questa madre vanitosa è anche colonialista, perché "confonde" le lingue che hanno una cultura sviluppata con le **grandi lingue europee**, alle quali dedica la propria esistenza. Qui le aggiunte infondate sono due, sia il «grandi» sia l'«europee». Questo atteggiamento colonialista – presente solo in traduzione – prevede anche la trasformazione degli «slavi dei Balcani» in «schiavi dei Balcani». Il curriculum vitae della signora viene inoltre italianizzato culturalmente dal processo traduttivo, come vediamo nel prossimo paragrafo.

Che sapeva benissimo

Noi italiani siamo famosi nel mondo per come ci vantiamo nei CV, ostentando titoli che non abbiamo e una conoscenza delle lingue migliore della realtà. Alla signora Canetti tradotta tocca, ahimè, lo stesso destino, perché le lingue che più modestamente padroneggiava diventano lingue che **sapeva benissimo**. Anche in questo caso il risultato è un involgarimento ingiustificato della famiglia Canetti.

Facoltose da varie generazioni

Un altro aspetto importante della traduzione riguarda il registro. Noi tutti sappiamo benissimo che in italiano non esiste più il "registro dello scritto", il "registro del parlato", il "registro letterario" e altre astrazioni simili. Ogni autore è libero di esprimersi come vuole, e può scrivere per esempio un romanzo con uno stile non "letterario". Pensiamo a Italo Svevo, che è riuscito a scrivere *La coscienza di Zeno* senza fare mai ricorso allo stile aulico che andava di moda allora, e, anzi, facendosene beffa.

Anche qui, il compito dell'editore di un testo tradotto qual è? Riscrivere le opere letterarie nel "bello stile", nel "letteratese" della cultura ricevente, a prescindere da come siano state scritte in originale (stili e registri esistono ovunque), oppure cercare per ogni testo lo stile, il registro, il linguaggio più adatto per esprimere nella cultura ricevente qualcosa di simile a quello che l'originale esprime nel contesto della cultura emittente? Questo editore propende per la prima soluzione, evidentemente, altrimenti non avrebbe trasformato le parole «de famiglie ricche già da molto» in «de famiglie facoltose da varie generazioni». È più bello? È più brutto? Lascio al lettore la risposta. Già la domanda denuncia che il problema che ci si pone non è già più se si tratta di una buona traduzione, ma se l'estetica del testo è – a giudizio dell'editore – migliore o peggiore.

Quel che di più prezioso

Canetti spiega che l'ambientazione linguistica dei suoi ricordi è varia, e che non è lui a tenere sotto controllo che lingua parlano, nei ricordi, le varie persone: è un processo che sfugge al suo dominio, e che non ha mai voluto affrontare scientificamente per timore di distruggere i ricordi stessi. Lo spiega benissimo:
«Non ho mai indagato questo, forse attraverso una ricerca portata avanti metodicamente e con principi severi avevo timore di distruggere la cosa più preziosa, i ricordi che porto in me».
Purtroppo però il lettore italiano non lo saprà mai, perché è convinto che avesse il timore di distruggere solo i ricordi più preziosi:
«Non ho mai indagato questo, forse sono stato trattenuto dal timore che una ricerca metodica, condotta secondo principi severi, potesse distruggere quel che di più prezioso, in fatto di ricordi, io porto in me».

Una parola operosa e insieme tenera

Una categoria di cambiamenti a sé stante è quella causata dalla presunzione dell'interprete. Il ragionamento che ha luogo in questi casi potrebbe essere descritto così: «C'è scritto X, ma è impossibile che sia X, l'autore si dev'essere espresso male, sicuramente voleva dire Y, quindi io traduco Y».

Canetti è, come molti scrittori, convinto che le parole abbiano un'anima, un carattere, una profondità affettiva. Lo si vede da come in certi casi siano le parole stesse i "chiodi" a cui sono appesi i ricordi, come in questo esempio:

«Una parola operosa e insieme tenera, che sentivo spesso, era "la butica"».

Questa ipotesi evidentemente è stata scartata a priori dall'editore, che ha deciso arbitrariamente che una parola non possa essere operosa o tenera, e quindi ha escogitato lo spostamento degli aggettivi dalla parola alle persone che la pronunciavano:

«Una parola che sentivo pronunciare spesso, con fervore e tenerezza insieme».

Sembra quasi che l'editore qui voglia assolvere la funzione di "soccorso logico". L'assunto implicito è: «Non spaventiamo il lettore italiano facendogli pensare che Canetti abbia attribuito la qualità dell'operosità e della tenerezza a una parola! Ma s'è mai visto? Prendiamo questa metafora e demetaforizziamola, di modo che anche il lettore "comune" possa capirla. Così com'è, la possiamo capire solo noi addetti ai lavori».

È un assunto che io trovo molto indisponente dal punto di vista dell'ideologia che ci sta dietro. La concezione implicita è quella dell'editore come avanguardia, e del lettore come popolo bue, a cui va spiegato tutto. Si noti che le metafore sono un fenomeno universale, e che non hanno nulla a che fare con le lingue. Capire una metafora richiede uno sforzo cognitivo, non linguistico. Non so quanti lettori, sapendo che alcuni editori risparmiano loro lo sforzo cognitivo di capire una metafora, lo vorrebbero. Io penso che il lettore voglia essere stupito dal testo artistico che legge, non annoiato dalla conferma di quello che già sa. Ma naturalmente su questo ci sarebbe molto da discutere.

Mi davano il permesso

«Mamma, mi dai il permesso di andare giù a giocare coi miei amici?» Quante volte abbiamo detto o sentito frasi di questo tipo… semplici, spontanee. Ebbene, anche il piccolo Elias parlava così, e infatti racconta che «Se avevo le mani pulite, mi DAVANO IL PERMESSO di affondarle dentro per sentire i granelli».

Purtroppo questa innocente frase non riesce però a giungere fino al lettore italiano, perché l'editore la trasforma così, rendendola la frase di un adulto anziché quella di un bambino:

«Se avevo le mani pulite, mi permettevano di affondarle dentro per sentire i granelli».

Il piccino

La mattina la bambinaia quattordicenne porta fuori il bambino. La descrizione avviene in un tono neutro, senza fronzoli, che potrebbe essere reso più o meno così:

«Esce sempre presto con il bambino in braccio, parla solo bulgaro, ma riesce a orientarsi nell'animata Karlsbad ed è sempre di ritorno in orario con il bambino».

Nella versione pubblicata la frase è resa così:

«La ragazza ha l'abitudine di uscire con il bambino di prima mattina, parla soltanto bulgaro, eppure passeggia disinvolta nelle vie animate di Karlsbad, e ritorna sempre puntualmente con il piccino».

Si noti in particolare l'uso della parola «piccino», che in Italia era usata circa un secolo fa, e in séguito solo come parola per libri per bambini («piccino piccino picciò»). Si noti anche qui la "mediazione logica" della traduzione: la combinazione «animata Karlsbad» è un ostacolo eccessivo per il lettore modello dell'edizione italiana, perciò si aggiunge la parola «vie», le quali, sì, hanno il permesso editoriale di essere animate.

Essendo un bambino una chiara visione

In uno dei passi più significativi del libro, si parla della enorme quantità di lingue che si parlavano nella cittadina. Elias scrittore questo lo sa con la sua competenza da adulto, e sente il bisogno di far capire al lettore che allora, da piccolo, la competenza non l'aveva, però in qualche modo questa eterogeneità culturale si riverberava lo stesso sul bambino. Una resa più neutra possibile potrebbe essere questa:

«Da bambino, non avevo una visione d'insieme di questa diversità, ma ne sentivo di continuo gli effetti».

Nella versione pubblicata, la frase suona così:

«Essendo un bambino non avevo una chiara visione di questa molteplicità, ma ne vivevo continuamente gli effetti».

Si introduce la causale col gerundio, e si aggiunge «chiara» alla visione, il che fa pensare che il bambino fosse un piccolo adulto, che una visione ce l'aveva anche se non era chiara.

Se dovessimo sintetizzare con una sola parola l'atteggiamento di questa strategia traduttiva, forse la parola sarebbe «paternalismo». Come spero di avere mostrato negli esempi, pochi ma paradigmatici, la mediazione traduttiva qui, oltre a essere linguistica, è anche stilistica, caratteriale, coloniale, emotiva, storica, logica e psicologica. Il lettore italiano si sente protetto dall'originale, più che avervi accesso. Siamo tutti contenti che sia così? Qualcuno ci ha informato che è così?

Appendice 1: Analisi prototesto-metatesto 13-17

Die gerettete Zunge: Geschichte einer Jugend	La lingua salvata: Storia di una giovinezza
Meine früheste Erinnerung	*Il mio più lontano[2] ricordo*
Meine früheste Erinnerung ist in Rot getaucht. Auf dem Arm eines Mädchens komme ich zu einer Tür heraus, der Boden vor mir ist rot, und zur Linken geht	Il mio più lontano ricordo è intinto di rosso. In braccio a una ragazza[3] esco da una porta, davanti a me il pavimento[4] è rosso e sulla sinistra scende

---

[2] **MOD**: früh significa «presto», «primo», e non «lontano». Le traduttrici probabilmente hanno deciso di usare «lontano» per mantenere la costruzione usata in tedesco, con il superlativo relativo.

[3] U R: la struttura della frase, inserendo «in braccio a una ragazza» (auf dem Arm eines Mädchens) all'inizio, riprende quella tedesca ma risulta innaturale in italiano. L'enfasi della frase, inoltre, cambia.

[4] R: l'enfasi della frase cambia poiché «davanti a me» (in tedesco vor mir) viene prima di «il pavimento» (der Boden). Nella versione tedesca l'enfasi è posta sul pavimento, in quella italiana su chi parla in prima persona, e quindi sull'autore.

eine Treppe hinunter, die ebenso rot ist. Gegenüber von uns, in selber Höhe, öffnet sich eine Türe und ein lächelnder Mann tritt heraus, der freundlich auf mich zugeht. Er tritt ganz nahe an mich heran, bleibt stehen und sagt zu mir: »Zeig die Zunge!« Ich strecke die Zunge heraus, er greift in seine Tasche, zieht ein Taschenmesser hervor, öffnet es und führt die Klinge ganz nahe an meine Zunge heran. Er sagt: »Jetzt schneiden wir ihm die Zunge ab.« Ich wage es	una scala pure rossa[5]. Di fronte a noi, sul nostro stesso piano[6], si apre una porta e ne esce un uomo sorridente che mi si fa incontro con aria gentile. Mi viene molto vicino, si ferma e mi dice: «Mostrami la lingua!». Io tiro fuori la lingua, lui affonda una mano in tasca, ne estrae un coltellino a serramanico, lo apre e con la lama mi sfiora la lingua[7]. Dice: «Adesso gli tagliamo la lingua». Io non oso

---

[5] S R: la traduzione italiana è ridotta, in quanto la relativa presente in tedesco viene sostituita da un aggettivo preceduto da congiunzione. Risulta più scorrevole rispetto alla versione originale.

[6] MOD: in selber Höhe significa «alla stessa altezza», ma in italiano abbiamo «sul nostro stesso piano», più specifico.

[7] **M**: heranführen significa «avvicinare», in italiano troviamo «sfiorare». Ciò comporta un cambiamento di senso, poiché sfiorando la lingua con una lama si può provocare una ferita, se la si avvicina può anche non esserci un contatto.

nicht, die Zunge zurückzuziehen, er kommt immer näher, gleich wird er sie mit der Klinge berühren. Im letzten Augenblick zieht er das Messer zurück, sagt: »Heute noch nicht, morgen.« Er klappt das Messer wieder zu und steckt es in seine Tasche.	ritirarla[8], l'uomo[9] si fa sempre più vicino, ora toccherà la lingua[10] con la lama. All'ultimo momento ritira la lama e[11] dice: «Oggi no, domani». Richiude il coltellino con un colpo secco e se lo ficca in tasca.
Jeden Morgen treten wir aus der Tür heraus auf	Ogni mattina usciamo dalla porta che dà[12] sul

---

[8] **I**: in tedesco viene ripetuto die Zunge, mentre in italiano viene usato il pronome «la».

[9] **I**: in tedesco viene usato il pronome personale er, mentre in italiano troviamo «l'uomo».

[10] **I**: in tedesco viene usato il pronome personale *sie* come complemento oggetto; in italiano abbiamo invece «la lingua».

[11] **S R**: le frasi vengono unite dalla congiunzione coordinante «e», ma in tedesco si ha solo una virgola. Il ritmo del testo viene alterato, così come lo stile dell'autore.

[12] **S PDV**: viene usata una relativa che nell'originale è assente. Inoltre *auf den roten Flur* non è il luogo dove dà la porta, ma dove si dirige chi esce dalla porta (difatti Flur è all'accusativo, cioè indica un movimento). Perciò il punto di vista cambia. Una traduzione potrebbe essere «usciamo dalla porta sul pianerottolo rosso».

den roten Flur, die Türe öffnet sich, und der lächelnde Mann erscheint. Ich weiß, was er sagen wird und warte auf seinen Befehl, die Zunge zu zeigen. Ich weiß, daß er sie mir abschneiden wird und	rosso pianerottolo[13] e[14] subito[15] compare l'uomo sorridente che esce dall'altra porta[16]. So benissimo[17] che cosa dirà e aspetto il suo ordine di mostrare la lingua. So che me la taglierà e il mio timore aumenta sempre[18]

---

[13] U: l'aggettivo «rosso» è stato posto prima del sostantivo «pianerottolo». La grammatica tedesca impone che l'aggettivo venga posto prima del sostantivo a cui si riferisce, ma nella versione italiana ciò risulta, in questo caso, innaturale.

[14] S R: le frasi vengono unite dalla congiunzione coordinante «e», mentre in tedesco si ha solo una virgola. Il ritmo del testo viene alterato, così come lo stile dell'autore.

[15] M: l'avverbio «subito» è un'aggiunta, poiché nell'originale è assente.

[16] R M: «compare l'uomo sorridente che esce dall'altra porta» è riformulata. La traduzione parola per parola sarebbe «la porta si apre, e l'uomo sorridente compare». In italiano si ha perciò un'alterazione del ritmo, e il senso cambia poiché nell'originale non viene esplicitato il fatto che l'uomo esca effettivamente dalla porta.

[17] M: l'avverbio «benissimo» è un'aggiunta. In tedesco è assente.

[18] M: *jedesmal* significa «ogni volta», ma nella versione italiana si ha «sempre». La scelta di questo avverbio cambia il senso della frase, poiché non suggerisce l'idea che questa azione si ripeta più volte, ma che semplicemente il timore dell'autore aumenti a prescindere da quante volte l'azione accada.

fürchte mich jedesmal mehr. Der Tag beginnt damit, und es geschieht viele Male.	più. Così[19] comincia la giornata, e la cosa si ripete [20] molte volte.
Ich behalte es für mich und frage erst sehr viel später die Mutter danach. Am Rot überall erkennt sie die Pension in Karlsbad, wo sie mit dem Vater und mir den Sommer 1907 verbracht hatte. Für den	Me la tengo per me e solo molto tempo dopo[21] interrogo[22] mia madre. Da tutto quel rosso lei riconosce la pensione di Karlsbad dove aveva trascorso l'estate del 1907 con mio padre e con me. Per il bambino di due

[19] **R**: l'avverbio «così» è stato spostato all'inizio della frase, e ciò determina una diversa accentuazione della frase.

[20] **MOD**: *geschehen* significa «succedere», «accadere», ma in italiano troviamo «ripetersi» e questo verbo implica già di per sé che l'azione si ripeta più volte durante la giornata. Risulta perciò più specifico rispetto all'originale.

[21] **MOD**: *erst sehr viel später* significa parola per parola «solo molto più tardi», ma in italiano troviamo «solo molto tempo dopo». «Molto più tardi» è generico e potrebbe riferirsi anche a un'azione avvenuta nella stessa giornata o nelle giornate immediatamente successive. Invece, usando «molto tempo dopo», si dà l'idea di un'azione avvenuta dopo mesi o anni.

[22] **Dest MOD**: usare il verbo «interrogare» al posto di «chiedere» o «domandare» è una scelta di registro più alto rispetto a quello usato dall'autore. Inoltre, «interrogare» significa rivolgere delle domande con autorità e in forma solenne per avere chiarimenti e informazioni. Il senso della frase cambia.

Zweijährigen haben sie ein Kindermädchen aus Bulgarien mitgenommen, selbst keine fünfzehn Jahre alt. In aller Frühe pflegt sie mit dem Kind auf dem Arm fortzugehen, sie spricht nur bulgarisch, findet sich aber überall	anni si erano portati[23] dalla Bulgaria una bambinaia che[24] aveva a malapena quindici anni. La ragazza[25] ha l'abitudine di uscire con il bambino[26] di prima mattina, parla soltanto bulgaro, eppure passeggia disinvolta[27] nelle vie[28] animate di

---

[23] S PDV: si ha un cambiamento del tempo verbale. In tedesco viene usato il Perfekt (corrispondente al passato prossimo), in italiano il trapassato prossimo. Questa scelta non rispecchia lo stile dell'autore, che raccontando la sua infanzia usa il presente e, in questo caso, il passato prossimo. Cambia anche il punto di vista.

[24] S R M: viene usata una relativa che nell'originale è assente. Cambia inoltre il significato della frase, poiché la traduzione parola per parola dal tedesco sarebbe «lei stessa di neanche quindici anni», come per sottolineare il fatto che fosse anche lei una "bambina".

[25] I: in tedesco troviamo il pronome personale sie, in italiano invece «la ragazza».

[26] M: nella versione italiana viene omesso auf dem Arm (e cioè «in braccio»). Ciò compromette parzialmente il senso della frase.

[27] M: sich zurechtfinden non significa «passeggiare disinvolta» ma «sapersi orientare».

[28] M: in italiano si fa riferimento alle «vie animate di Karlsbad», ma nella versione originale si parla semplicemente di Karlsbad nel suo complesso, non delle sue vie.

in dem belebten Karlsbad zurecht und ist immer pünktlich mit dem Kind zurück. Einmal sieht man sie mit einem unbekannten jungen Mann auf der Straße, sie weiß nichts über ihn zu sagen, eine Zufallsbekanntschaft. Nach wenigen Wochen stellt sich heraus, daß der junge Mann im Zimmer genau	Karlsbad[29], e ritorna sempre puntualmente con il piccino[30]. Un giorno qualcuno la vede per strada con un giovanotto[31] sconosciuto, lei non sa dire nulla di lui, spiega che l'ha conosciuto per caso[32]. Dopo alcune settimane salta fuori che il giovanotto abita proprio nella camera di fronte a noi, sul lato opposto del

[29] MOD: nella traduzione italiana viene omesso überall, che significa «ovunque».

[30] MOD I: in tedesco viene usato il sostantivo Kind che significa «bambino», ma in italiano abbiamo una modulazione di senso in quanto viene usato «piccino», che è la forma vezzeggiativa di «piccolo». I rimandi intratestuali, inoltre, vengono meno.

[31] Dest: in tedesco viene usato junger Mann che significa parola per parola «giovane uomo», ma nella versione italiana viene usato il sostantivo «giovanotto», forma accrescitiva di «giovane». La parola «giovanotto» è desueta e di registro più alto rispetto all'originale.

[32] R S M: eine Zufallsbekannschaft (parola per parola in italiano «una conoscenza fortuita») diventa nella traduzione italiana un'intera proposizione («spiega che l'ha conosciuto per caso»), alterando il ritmo del testo e modificando lo stile dell'autore. Inoltre, il verbo «spiegare» è un'aggiunta e questa azione non viene esplicitata nel testo originale.

gegenüber von uns wohnt, auf der anderen Seite des Flurs. Das Mädchen geht manchmal nachts rasch zu ihm hinüber. Die Eltern fühlen sich für sie verantwortlich und schicken sie sofort nach Bulgarien zurück.	pianerottolo. Qualche volta, di notte,[33] la ragazza s'infila ratta[34] nella sua stanza[35]. I miei genitori, che[36] si sentono responsabili per lei, la rimandano immediatamente in Bulgaria.
Beide, das Mädchen und der junge Mann, gingen	Entrambi, la ragazza e il giovanotto, avevano

---

[33] R: sono stati posti i complementi di tempo e di luogo all'inizio della frase, separati da delle virgole, alterando in questo modo il ritmo del testo.

[34] Dest: «ratta» è una scelta di registro più alto rispetto all'originale.

[35] M Dest: in tedesco abbiamo zu ihm hinübergehen che significa «passare da lui», mentre nella traduzione italiana troviamo «infilarsi nella sua stanza». Ciò comporta un cambiamento di senso, e il registro usato («infilarsi») risulta più basso. È stato inoltre aggiunto «nella sua stanza», che è assente nel testo originale.

[36] R S: l'uso di una relativa in italiano, laddove in tedesco si trovano due frasi unite dalla congiunzione coordinante *und*, altera il ritmo del testo e lo stile dell'autore.

sehr früh von zu Hause fort, auf diese Art müssen sie sich zuerst begegnet sein, so muß es begonnen haben. Die Drohung mit dem Messer hat ihre Wirkung getan, das Kind hat zehn Jahre darüber geschwiegen.	l'abitudine[37] di uscire il mattino[38] molto presto[39], e devono essersi conosciuti[40] in questo modo, così dev'essere cominciata fra loro. La minaccia di quel coltellino [41] è stata efficace[42], il bambino ha taciuto la cosa per dieci anni.

---

[37] **S MOD**: «avevano l'abitudine» è stato inserito per specificare che uscire molto presto fosse un'abitudine per i due giovani. In tedesco viene usato semplicemente il Präteritum, che può indicare un'azione abitudinaria nel passato (e corrisponde all'imperfetto italiano). Però il tempo verbale usato in tedesco potrebbe non indicare un'abitudine, poiché potrebbe non trattarsi di un'abitudine ma di un obbligo.

[38] MOD: «il mattino» è un'aggiunta, assente nell'originale.

[39] MOD: von zu Hause («da casa») viene omesso nella traduzione italiana.

[40] M: zuerst begegnen non significa «conoscere» ma «incontrare (casualmente) per la prima volta».

[41] MOD: *Messer* significa «coltello», ma in italiano si ha una modulazione di senso poiché il termine viene reso con la forma diminutiva «coltellino».

[42] S Dest MOD: *Wirkung tun* significa parola per parola «fare effetto», non «essere efficace». La parola «efficace» viene usata solitamente per indicare rimedi, medicinali o altri tipi di aiuto che producono in genere un effetto positivo. Viene alterato lo stile dell'autore, e il registro non corrisponde a quello usato in tedesco.

Familienstolz	_Orgoglio di famiglia_
Rustschuk, an der unteren Donau, wo ich zur Welt kam, war eine wunderbare Stadt für ein Kind, und wenn ich sage, daß sie in Bulgarien liegt, gebe ich eine unzulängliche Vorstellung von ihr, denn es lebten dort Menschen der verschiedensten Herkunft, an einem Tag konnte man sieben oder acht Sprachen hören. Außer den Bulgaren, die oft vom Lande kamen, gab es noch viele Türken, die ein eigenes Viertel bewohnten, und an dieses angrenzend	Rustschuk, sul basso Danubio, dove sono venuto al mondo, era per un bambino[43] una città meravigliosa, e quando dico che si trova in Bulgaria ne do un'immagine insufficiente, perché nella stessa Rustschuk[44] vivevano persone di origine diversissima, in un solo giorno si potevano sentire sette o otto lingue. Oltre ai bulgari, che spesso venivano dalla campagna, c'erano molti turchi, che abitavano in un quartiere tutto per loro, che confinava[45] col

---

[43] R M: lo spostamento del complemento determina un'accentuazione diversa nella frase. Sembra che Ruse appaia come una città meravigliosa **agli occhi di** un bambino, mentre Ruse è da considerarsi una città meravigliosa **per** un bambino.

[44] I: in italiano viene ripetuto il nome della città, laddove in tedesco vi è semplicemente l'avverbio dort («lì»).

[45] S R: viene inserita una relativa che nell'originale è assente. Una traduzione alternativa potrebbe essere «e confinante a questo si trovava».

lag das Viertel der Spaniolen, das unsere. Es gab Griechen, Albanesen, Armenier, Zigeuner. Vom gegenüberliegenden Ufer der Donau kamen Rumänen, meine Amme, an die ich mich aber nicht erinnere, war eine Rumänin. Es gab,	quartiere degli «spagnoli» [46], dove stavamo noi [47]. C'erano greci, albanesi, armeni, zingari. Dalla riva opposta del fiume [48] venivano i rumeni, e [49] la mia balia, di cui però non mi ricordo, era una rumena. C'era anche qualche russo, ma erano

[46] M E: *Spaniolen* sono i discendenti degli ebrei espulsi dalla Spagna nel 1492 con il decreto dell'Alhambra. L'uso delle virgolette, nella traduzione, non aiuta a trasmettere il significato. Si potrebbe usare il termine «sefarditi».

[47] S R M PDV: viene usata una relativa che in tedesco è assente, allungando il periodo e alterando lo stile dell'autore. Il senso della frase cambia, poiché «dove stavamo noi» non comunica lo stesso senso di appartenenza a quel quartiere come «il nostro». Cambia anche il punto di vista.

[48] I PDV: non è stato tradotto il nome del fiume, e cioè il Danubio (in tedesco Donau). È la prima volta che appare un riferimento al Danubio nel testo. Anche il punto di vista cambia, perché «il fiume» è un riferimento generico.

[49] S R: le frasi vengono unite dalla congiunzione coordinante «e», ma in tedesco si ha solo una virgola. Il ritmo del testo viene alterato, così come lo stile dell'autore.

vereinzelt, auch Russen.	casi isolati[50].
Als Kind hatte ich keinen Überblick über diese Vielfalt, aber ich bekam unaufhörlich ihre Wirkungen zu spüren. Manche Figuren sind mir bloß in Erinnerung geblieben, weil sie einer besonderen Stammesgruppe angehörten und sich	Essendo un bambino non avevo una chiara[51] visione di questa molteplicità, ma ne vivevo[52] continuamente gli effetti. Alcune figure mi sono rimaste impresse nella memoria semplicemente perché appartenevano a particolari gruppi etnici e si distinguevano dagli altri per l'abbigliamento.

---

[50] S R: viene inserita una proposizione avversativa, che nell'originale è assente. Ciò comporta un'alterazione del ritmo e un cambiamento di stile. Una traduzione più fedele all'originale potrebbe essere «C'erano, qua e là, anche dei russi».

[51] M: «chiara» è un'aggiunta, assente nell'originale. Nella traduzione sembra che lui da bambino riuscisse comunque a riconoscere questa molteplicità, ma non in maniera chiara. Nel testo originale vi è scritto semplicemente che lui non riusciva a vederla.

[52] M: spüren significa «percepire», «sentire», mentre in italiano abbiamo «vivere». Il senso della frase cambia, poiché percepire gli effetti di qualcosa è diverso rispetto a viverli in prima persona.

durch ihre Tracht von anderen unterschieden. Unter den Dienern, die wir im Laufe jener sechs Jahre im Hause hatten, gab es einmal einen Tscherkessen und später einen Armenier. Die beste Freundin meiner Mutter war Olga, eine Russin. Einmal wöchentlich zogen Zigeuner in unseren Hof, so viele, daß sie mir wie ein ganzes Volk erschienen,	Fra la servitù[53] che ci passò per casa[54] nel corso di quei sei anni, una volta ci fu un circasso e più tardi un armeno. La migliore amica di mia madre era Olga, una russa. Una volta alla settimana, nel nostro cortile[55] venivano gli zingari, [56]tanti che mi parevano un popolo intero, e io mi sentivo invaso da un grande spavento di cui parlerò

---

[53] MOD Dest: viene usato un nome collettivo («servitù»), quando nel testo originale si fa riferimento ai Diener, e cioè «i domestici». Inoltre, la parola «servitù» è ormai in disuso e viene associata solitamente al personale di servizio delle famiglie nobili.

[54] M: l'espressione «passare per casa», usata in italiano, risulta più specifica di quella usata nella versione originale (im Hause haben, parola per parola «avere in casa»). Trasmette l'idea che i servitori siano cambiati nel corso degli anni, e che non siano rimasti sempre gli stessi.

[55] R: nella traduzione l'enfasi viene posta sul cortile, e non sugli zingari.

[56] S: in italiano viene omesso il rafforzativo *so*, e cioè «così».

und von den Schrecken, mit denen sie mich erfüllten, wird noch die Rede sein.	più avanti[57].
Rustschuk war ein alter Donauhafen und war als solcher von einiger Bedeutung gewesen. Als Hafen hatte er Menschen von überall angezogen, und von der Donau war immerwährend die Rede. Es gab Geschichten über die	Rustschuk era un'antica città portuale sul Danubio e come tale aveva avuto la sua importanza. A causa del porto[58] aveva attirato persone da ogni parte, e del fiume[59] si faceva un gran parlare. Si raccontava degli anni eccezionali in cui il Danubio era gelato; delle

[57] M S R: «e io mi sentivo invaso da un grande spavento di cui parlerò più avanti» è una frase che è stata tradotta e riformulata. La mancanza delle virgole comporta un'alterazione del ritmo. Inoltre, lo spostamento di alcuni elementi della frase e l'omissione di altri fanno sì che l'enfasi venga posta su chi scrive in prima persona, e non sugli orrori (Schrecken) come nella versione tedesca. Una traduzione alternativa potrebbe essere «e degli orrori, di cui mi sommersero, ne parlerò ancora».

[58] MOD: in tedesco viene usata la congiunzione als, che significa «in quanto»: non ha né valore negativo né valore positivo. In italiano viene usato «a causa di», che in questa frase sembra indicare il porto come qualcosa di negativo. Una traduzione alternativa potrebbe essere «Avendo un porto» oppure «Essendoci un porto».

[59] I: al posto di «Danubio», nella traduzione troviamo semplicemente «fiume».

besonderen Jahre, in denen die Donau zufror; von Schlittenfahrten über das Eis nach Rumänien hinüber; von hungrigen Wölfen, die hinter den Pferden der Schlitten her waren.	corse in slitta[60] sul ghiaccio fino in Romania; dei lupi famelici che inseguivano i cavalli che trainavano le slitte.
Wölfe waren die ersten wilden Tiere, über die ich erzählen hörte. In den Märchen, die mir die bulgarischen Bauernmädchen erzählten, kamen Werwölfe vor, und mit einer Wolfsmaske vorm Gesicht erschreckte	I lupi furono i primi animali feroci[61] di cui sentii parlare. Nelle fiabe che le mie bambinaie[62] bulgare mi raccontavano c'erano i lupi mannari, e una notte mio padre mi spaventò comparendomi davanti[63] con una

[60] M: Schlittenfahrten significa parola per parola «viaggi in slitta». «Corse» dà l'idea che si andasse velocemente, oppure che questi viaggi seguissero un orario come succede con i mezzi di trasporto.

[61] M: wild significa «selvatico» in italiano, non «feroce». Cambia il senso della frase, poiché i lupi sono animali feroci ma qui si fa riferimento agli animali selvatici.

[62] M: Bauernmädchen significa «giovane contadina», «contadinella» o «ragazza di campagna», non «bambinaia». Si ha un radicale cambiamento di senso.

[63] R: «comparendomi davanti» è un'aggiunta, assente in tedesco. Non comporta un cambiamento di senso, ma allunga il periodo.

mich eines Nachts mein Vater.	maschera da lupo sul viso.
Es wird mir schwerlich gelingen, von der Farbigkeit dieser frühen Jahre in Rustschuk, von seinen Passionen und Schrecken eine Vorstellung zu geben. Alles was ich später erlebt habe, war in Rustschuk schon einmal geschehen. Die übrige Welt hieß dort Europa, und wenn jemand die	Mi sarà difficile dare un'immagine di tutto il colore di quei[64] primi anni a Rustschuk, delle passioni e dei terrori di quel tempo[65]. Tutto ciò che ho provato e vissuto[66] in seguito era sempre[67] già accaduto a Rustschuk. Laggiù[68] il resto del mondo si chiamava Europa e, quando qualcuno risaliva il

[64] PDV: in tedesco viene usato l'aggettivo dimostrativo *dieser*, che significa «di questi», ma in italiano troviamo «di quei».

[65] S PDV: viene omesso l'aggettivo possessivo *seinen*. Il riferimento agli anni trascorsi a Ruse diviene esplicito inserendo «di quel tempo» alla fine.

[66] MOD: *erleben* qui viene tradotto usando due verbi: «provare» e «vivere».

[67] M: *einmal* significa «una volta», ma nella versione italiana viene usato «sempre». La scelta di questo avverbio cambia leggermente il senso della frase.

[68] MOD R: *dort* significa semplicemente «là», ma in italiano abbiamo «laggiù», come per sottolineare la lontananza (fisica e/o culturale) della città di Ruse con il resto d'Europa. L'accentuazione della frase è diversa rispetto all'originale, poiché l'avverbio di luogo viene spostato all'inizio.

Donau hinauf nach Wien fuhr, sagte man, er fährt nach Europa, Europa begann dort, wo das türkische Reich einmal geendet hatte. Von den Spaniolen waren die meisten noch türkische Staatsbürger. Es war ihnen unter den Türken immer gutgegangen, besser als den christlichen Balkanslawen. Aber da viele unter den Spaniolen wohlhabende Kaufleute waren, unterhielt das neue bulgarische Regime gute

Danubio fino a Vienna, si diceva che andava in Europa.[69] L'Europa cominciava là dove un tempo finiva l'impero ottomano[70]. La maggior parte degli «spagnoli» erano ancora cittadini turchi. Sotto i turchi si erano sempre trovati bene, meglio che gli schiavi[71] cristiani dei Balcani. Ma poiché molti fra gli «spagnoli» erano agiati commercianti, anche[72] il nuovo regime bulgaro intratteneva con loro buone relazioni, e Ferdinando, il re dal lungo

---

[69] **R S**: viene usato un punto al posto della virgola. Ciò altera il ritmo del testo e lo stile dell'autore.

[70] S I: das türkische Reich significa semplicemente «l'impero turco», ma in italiano si ha «l'impero ottomano» (in tedesco «das Osmanische Reich»). Il collegamento intratestuale con i turchi che vengono nominati precedentemente viene meno.

[71] M L: Balkanslawen significa «slavi dei Balcani» e non «schiavi dei Balcani». Si ha un cambiamento radicale di senso e non è logico scrivere che, sotto i turchi, i sefarditi si trovano addirittura meglio degli schiavi cristiani.

[72] S: «anche» è un'aggiunta, assente nel testo originale. Non comporta però un cambiamento di senso.

Beziehungen zu ihnen, und Ferdinand, der König, der lange regierte, galt als Freund der Juden.	regno[73], era considerato un amico degli ebrei.
Die Loyalitäten der Spaniolen waren einigermaßen kompliziert. Sie waren gläubige Juden, denen ihr Gemeindeleben etwas bedeutete. Es stand, ohne Überhitztheit, im Mittelpunkt ihres Daseins. Aber sie hielten sich für Juden besonderer Art, und das	Le convinzioni che questi «spagnoli» nutrivano[74] erano piuttosto complicate. Erano ebrei osservanti, interessati alla vita della loro comunità;[75] pur senza fervori eccessivi, essa era al centro della loro esistenza. Ma si consideravano ebrei di un tipo un po'[76] speciale, e ciò dipendeva dalla loro tradizione spagnola. Nel

---

[73] S U: in tedesco abbiamo una relativa con verbo e avverbio. In italiano sono stati usati un sostantivo e un aggettivo. Sembra quasi che il lungo regno sia una caratteristica del re, ma non è così. Si tratta una formula goffa in italiano.

[74] R: è stata aggiunta una relativa, che allunga il periodo.

[75] M: l'espressione etwas bedeuten è stata tradotta con l'aggettivo «interessati», e Gemeindeleben con «vita della comunità». Il senso della frase cambia, poiché i sefarditi non provavano un semplice interesse per la vita della loro comunità, ma per loro la vita nella comunità aveva una notevole importanza («significava qualcosa»).

[76] MOD: «un po'» è un'aggiunta.

hing mit ihrer spanischen Tradition zusammen. Im Lauf der Jahrhunderte seit ihrer Vertreibung hatte sich das Spanisch, das sie untereinander sprachen, sehr wenig verändert. Einige türkische Worte waren in die Sprache aufgenommen worden, aber sie waren als türkisch erkennbar, und man hatte für sie fast immer auch spanische	corso dei secoli, dopo la loro cacciata[77] dalla Spagna, lo spagnolo che parlavano fra loro si era modificato appena. Alcune parole turche erano entrate nella loro lingua, ma erano chiaramente riconoscibili come tali[78] e le cose che esse significavano potevano essere dette quasi sempre anche con parole spagnole[79]. Udii le prime canzoncine infantili

---

[77] Dest: Vertreibung significa «espulsione». «Cacciata» abbassa il registro rispetto al testo originale.

[78] I: non viene ripetuto «turche», viene usato invece il pronome «tali».

[79] S R: «le cose che esse significavano potevano essere dette quasi sempre anche con parole spagnole» è una frase più lunga di quella contenuta nella versione tedesca. Va a modificare sia il ritmo sia lo stile dell'autore. Una traduzione più breve potrebbe essere «e per queste vi erano quasi sempre delle parole spagnole» oppure «e a queste corrispondevano quasi sempre delle parole spagnole».

Worte. Die ersten Kinderlieder, die ich hörte, waren Spanisch, ich hörte alte spanische ›Romances‹, was aber am kräftigsten war und für ein Kind unwiderstehlich, war eine spanische Gesinnung. Mit naiver Überheblichkeit sah man auf andere Juden herab, ein Wort, das immer mit Verachtung geladen war, lautete ›Todesco‹, es bedeutete [80] in spagnolo[81], udii anche[82] antiche romances spagnole, ma l'elemento dominante, al quale un bambino non poteva assolutamente sottrarsi, era la mentalità spagnola. Con ingenua presunzione si guardavano gli altri ebrei dall'alto in basso, la parola «todesco» veniva sempre pronunciata con intonazione sprezzante[83] e [84] stava a significare un ebreo tedesco o ashkenazi. Sarebbe stato

[80] MOD: Kinderlieder significa «canzoni infantili», ma in italiano troviamo «canzoncine infantili». Viene usata la forma diminutiva di «canzone».

[81] R: l'assenza della relativa modifica l'enfasi della frase, che al posto di essere posta sulle canzoni è posta su chi scrive.

[82] S: «anche» è un'aggiunta, assente in tedesco. Non comporta però un cambiamento di senso.

[83] R M: il ritmo e l'enfasi della frase risultano alterati poiché la relativa è assente. Un'alternativa potrebbe essere «una parola, che veniva sempre caricata di disprezzo, era «todesco»». Il senso della frase, inoltre, cambia.

[84] S R: le frasi vengono unite dalla congiunzione coordinante «e», ma in tedesco si ha solo una virgola. Il ritmo del testo viene alterato, così come lo stile dell'autore.

einen deutschen oder aschkenasischen Juden. Es wäre undenkbar gewesen, eine ›Todesca‹ zu heiraten, und unter den vielen Familien, von denen ich in Rustschuk als Kind reden hörte oder die ich kannte, entsinne ich mich keines einzigen Falles einer solchen Mischehe. Ich war keine sechs Jahre alt, als mich mein Großvater vor einer solchen Mesalliance in der Zukunft warnte. Aber mit dieser allgemeinen Diskriminierung war es nicht getan. Es gab unter den Spaniolen selbst die ›guten Familien‹, womit man die meinte, die schon impensabile sposare una «todesca» e fra le molte famiglie che conoscevo o di cui da bambino sentii parlare a Rustschuk, non ricordo un solo caso nel quale si fosse verificato[85] un matrimonio misto di quel tipo. Non avevo ancora sei anni quando mio nonno mi mise in guardia da una simile mésalliance[86]. Ma la cosa non si esauriva in questa generica discriminazione. Fra gli stessi «spagnoli» c'erano le «buone famiglie», che erano poi le famiglie[87] facoltose da varie generazioni[88]. L'elogio più grande che si potesse sentir dire di una persona era che «es de buena familia». Quanto spesso, fino alla noia, ho

---

[85] S R: «nel quale si fosse verificato» allunga il periodo e modifica lo stile dell'autore.

[86] MOD: in der Zukunft («in futuro») è stato omesso.

[87] I: in italiano viene ripetuto «famiglie», mentre in tedesco si ha solo il pronome die.

[88] M: die schon seit langem reich waren significa «che erano ricche già da molto (tempo)», ma in italiano abbiamo «facoltose da varie generazioni».

seit langem reich waren. Das stolzeste Wort, das man über einen Menschen hören konnte, war ›es de buena familia‹, er ist aus guter Familie. Wie oft und bis zum Überdruß habe ich das von der Mutter gehört. Als sie vom Burgtheater schwärmte und Shakespeare mit mir las, ja viel später noch, als sie von Strindberg sprach, der zu ihrem Leibautor wurde, genierte sie sich nicht, von sich selbst zu sagen, daß sie aus guter Familie

sentito ripetere questa frase[89] da mia madre! Quando andava in estasi per il Burgtheater,[90] o leggeva Shakespeare con me, ma anche molto più tardi, quando parlava di Strindberg, che era diventato il suo autore prediletto, mai si vergognava di dire di se stessa che veniva da una buona famiglia, che non ce n'era una migliore. Lei che aveva fatto della letteratura delle grandi lingue europee[91], che sapeva benissimo[92], il contenuto essenziale della propria esistenza[93], non

---

[89] I: in italiano troviamo «questa frase», mentre in tedesco si ha solo il pronome *das*.

[90] R: la virgola, assente nella versione originale, altera il ritmo della frase.

[91] M: in tedesco abbiamo Kultursprachen che significa parola per parola «lingue delle nazioni civili», quindi non vi è alcun riferimento al fatto che queste lingue siano solamente europee.

[92] MOD: beherrschen significa «padroneggiare»; in italiano troviamo «sapere benissimo».

[93] **MOD**: *Leben* significa «vita», non «esistenza».

stamme, es gebe keine bessere. Sie, der die Literaturen der Kultursprachen, die sie beherrschte, zum eigentlichen Inhalt ihres Lebens wurden, empfand keinen Widerspruch zwischen dieser leidenschaftlichen Universalität und dem hochmütigen Familienstolz, den sie unablässig nährte.	avvertiva lo stridore[94] fra questo senso di appassionata universalità e l'arrogante orgoglio di famiglia che continuava[95] incessantemente ad alimentare.
Schon zur Zeit, als ich ihr noch ganz verfallen war – sie schloß mir alle Türen des Geistes auf, und ich folgte ihr	Fin dal tempo in cui ero ancora completamente in suo dominio – fu lei a schiudermi tutte le porte dell'intelletto, e io la seguii

---

[94] MOD I: Widerspruch significa «contraddizione» o «contrasto», non «stridore». Viene inoltre eliminato il rimando intratestuale con la parola «contraddizione» nel paragrafo successivo.

[95] S: «continuava» è un'aggiunta. Il senso di continuità dell'azione può essere reso usando l'imperfetto «alimentava» (come nel testo originale).

blindlings und begeistert –, fiel mir dieser Widerspruch auf, der mich peinigte und verstörte, und in unzähligen Gesprächen, zu jeder Periode meiner Jugend, sprach ich mit ihr darüber und warf es ihr vor, aber es machte ihr nicht den geringsten Eindruck. Ihr Stolz	con cieco entusiasmo[96] – rimasi colpito da quella[97] contraddizione, che mi dispiaceva[98] e mi turbava, e in ogni periodo della mia giovinezza ne discussi con lei e gliela rinfacciai innumerevoli volte[99], senza che ciò[100] le facesse la minima impressione. Il suo orgoglio aveva trovato molto[101] presto i

[96] S M: i due avverbi *blindlings* e *begeistert* sono stati tradotti usando un aggettivo e un sostantivo, alterando lo stile dell'autore. Un'alternativa potrebbe essere «a occhi chiusi e in maniera entusiasta». Inoltre il senso della frase cambia, perché «cieco entusiasmo» potrebbe indicare un entusiasmo immotivato.

[97] PDV: in tedesco abbiamo dieser Widerspruch («questa contraddizione»), ma in italiano troviamo «quella contraddizione».

[98] M: peinigen significa «tormentare», non «dispiacere». Cambia il senso della frase.

[99] R S: lo spostamento di alcuni elementi della frase altera il ritmo e lo stile dell'autore. Una traduzione alternativa potrebbe essere «e durante innumerevoli discussioni, in ogni periodo della mia giovinezza, ne parlai con lei e gliela rinfacciai».

[100] S: in tedesco si ha un'avversativa, quindi si potrebbe tradurre con «ma ciò non le fece la minima impressione».

[101] MOD: «molto» è un'aggiunta, assente nella versione originale.

hatte früh seine Kanäle gefunden, die er unbeirrt befuhr, mich aber hat sie durch diese Enge, die ich an ihr nicht begriff, früh gegen jeden Hochmut der Herkunft eingenommen. Ich kann Menschen mit Kastenstolz irgendwelcher Art nicht ernstnehmen, ich betrachte sie wie	suoi canali e[102] li seguiva imperterrito, e[103] proprio questa angustia mentale, che in lei non capivo, mi portò assai per tempo a schierarmi contro ogni pregiudizio[104] di nascita. Non riesco a prendere sul serio quelli che coltivano un orgoglio di casta, qualunque esso sia[105],[106] mi sembrano[107] animali esotici, ma anche[108] un po' ridicoli. Mi accorgo ad un tratto di avere

[102] S R: in italiano non è stata inserita la relativa e si è deciso di unire le due frasi con la congiunzione «e». Il ritmo risulta più veloce rispetto all'originale, e lo stile dell'autore viene alterato.

[103] S: in tedesco vi è un'avversativa, mentre in italiano una coordinata.

[104] M: Hochmut non significa «pregiudizio» ma «arroganza», «superbia».

[105] R: quest'ultima parte, separata da una virgola, assume una certa enfasi, che invece non ha nell'originale.

[106] R: i due punti alterano il ritmo della frase, poiché nell'originale vi è solo una virgola.

[107] MOD PDV: *betrachten* significa «ritenere», «considerare», e non «sembrare (a qualcuno)». Il punto di vista inoltre si sposta da chi scrive alle persone di cui si sta parlando nel testo.

[108] S: «anche» è un'aggiunta, ma non cambia il senso della frase.

exotische, aber etwas lächerliche Tiere. Ich ertappe mich bei den umgekehrten Vorurteilen gegen Menschen, die sich auf ihre hohe Herkunft etwas zugute halten. Den wenigen Aristokraten, mit denen ich befreundet war, mußte ich erst nachsehen, daß sie davon sprachen, und hätten sie geahnt, welche Mühe mich das kostete, sie hätten auf meine Freundschaft	pregiudizi opposti, cioè[109] contro le persone che danno una certa importanza alla loro nascita altolocata. Ai pochi aristocratici con cui ho avuto[110] rapporti di amicizia, dovevo innanzitutto perdonare che parlassero di questa cosa, e se mai avessero potuto[111] immaginare la fatica che tutto ciò mi costava, certamente[112] avrebbero rinunciato alla mia amicizia. Tutti i pregiudizi sono determinati da altri

[109] R S: il ritmo della frase viene rallentato dalla virgola. «Cioè» è un'aggiunta.

[110] PDV S: Canetti sta raccontando eventi lontani nel passato usando il Präteritum, che corrisponde all'imperfetto o passato remoto dell'indicativo. Finora nella traduzione è sempre stato usato il passato remoto, ma questa volta è stato usato il passato prossimo.

[111] S MOD: «potuto» è un'aggiunta, assente nella versione originale. Ciò cambia leggermente il senso della frase, poiché implica che gli aristocratici non potessero effettivamente immaginare la sua situazione.

[112] MOD: «certamente» è un'aggiunta che modifica parzialmente il senso della frase, perché (nella traduzione) l'autore dà per scontato che in questo caso gli aristocratici avrebbero rinunciato alla sua amicizia.

verzichtet. Alle Vorurteile sind durch andere Vorurteile bestimmt, und am häufigsten sind die, die sich aus ihren Gegensätzen herleiten.	pregiudizi, e i più frequenti sono quelli che nascono dai loro opposti.
Es kommt dazu, daß die Kaste, zu der meine Mutter sich rechnete, neben ihrer spanischen Herkunft eine des Geldes war. In meiner Familie und besonders in ihrer sah ich, was Menschen durch Geld geschah. Ich fand die am schlechtesten, die sich am willigsten dem	Va aggiunto poi che la casta alla quale mia madre si vantava di appartenere [113], a parte la sua origine spagnola, era una casta[114] del denaro. Nella mia famiglia, e in particolare nella sua,[115] ho visto[116] che cosa il denaro può fare[117] alla gente. Ho scoperto[118] che le persone

---

[113] M: sich rechnen significa «annoverarsi», non «vantarsi di appartenere».

[114] I: viene ripetuta la parola «casta», ma in tedesco ciò non avviene.

[115] R: le virgole rallentano il ritmo della frase e fanno assumere a questa parte una certa enfasi, che in tedesco non possiede.

[116] PDV S I: Canetti usa il Präteritum, ora si ha un passaggio al passato prossimo.

[117] PDV S I: Canetti usa il Präteritum, ora si ha un passaggio al passato prossimo.

[118] PDV S I: Canetti usa il Präteritum, ora si ha un passaggio al passato prossimo.

Gelde hingaben. Ich lernte alle Übergänge von Geldgier zu Verfolgungswahn kennen. Ich sah Brüder, die einander durch ihre Habgier in jahreslangen Prozessen zugrunde richteten und die weiter prozessierten, als kein Geld mehr da war. Sie waren aus derselben,	peggiori sono[119] quelle dominate dalla passione del denaro. Ho imparato[120] a conoscere tutti i passaggi che dalla rapacità portano alla mania di persecuzione. Ho visto[121] fratelli che per avidità si sono rovinati[122] a vicenda con processi di anni e anni, e che sono andati[123] avanti a processarsi[124] fino a quando[125] il denaro

---

[119] PDV S I: Canetti usa il Präteritum, ora si ha un passaggio al passato prossimo.

[120] PDV S I: Canetti usa il Präteritum, ora si ha un passaggio al passato prossimo.

[121] PDV S I: Canetti usa il Präteritum, ora si ha un passaggio al passato prossimo.

[122] PDV S I: Canetti usa il Präteritum, ora si ha un passaggio al passato prossimo.

[123] PDV S I: Canetti usa il Präteritum, ora si ha un passaggio al passato prossimo.

[124] CS: si ha un calco legato al verbo tedesco prozessieren: «processare» in italiano significa sottoporre a processo, ma quest'azione è svolta dal tribunale. In questo caso sarebbe opportuno usare il verbo «querelare».

[125] M: *als* significa «quando» o «dopo che», non «fino a quando». Il senso della frase cambia, poiché i due fratelli continuarono a processarsi anche quando avevano finito i soldi, non fino a quando non ci furono più soldi.

›guten‹ Familie, auf die die Mutter so stolz war. Sie sah es selbst mit an, wir sprachen oft darüber. Ihr Verstand war durchdringend, ihre Menschenkenntnis an den großen Werken der Weltliteratur geschult, aber auch an den Erfahrungen ihres eigenen Lebens. Sie erkannte die Motive der wahnwitzigen Selbstzerfleischung, in	svanì completamente[126]. Eppure[127] appartenevano a quella stessa «buona» famiglia di cui mia madre andava tanto fiera. Lo vedeva anche lei, ne parlavamo spesso. La sua intelligenza era penetrante, la sua conoscenza degli uomini [128] si era formata sulle grandi opere della letteratura universale[129], ma anche attraverso le proprie personali esperienze[130]. Conosceva

---

[126] MOD Dest: «svanire completamente» è più preciso rispetto a «non esserci più» (traduzione parola per parola di kein… mehr da sein). Inoltre, questa scelta alza il registro rispetto al testo originale.

[127] M: «Eppure» è un'aggiunta che cambia il senso della frase, perché rende palese il punto di vista dell'autore su questa situazione.

[128] M: usare solo «uomini» per intendere l'umanità o comunque l'insieme di uomini e donne che vivono sulla Terra può portare il lettore a fraintendere il significato della frase.

[129] MOD: Weltliteratur significa parola per parola «letteratura mondiale», non «letteratura universale».

[130] S: una traduzione più fedele all'originale potrebbe essere «ma anche attraverso le esperienze della sua stessa vita».

der ihre Familie begriffen war; sie hätte mit Leichtigkeit einen Roman darüber schreiben können: ihr Stolz auf diese selbe Familie blieb unerschüttert. Wäre es Liebe gewesen, ich hätte es eher begriffen. Aber viele der Protagonisten liebte sie gar nicht, über manche war sie empört, für andere empfand sie Verachtung, für die Familie als ganze	[131] benissimo[132] i motivi insensati che avevano portato i membri della sua famiglia a dilaniarsi a vicenda: avrebbe potuto con facilità scriverci sopra un romanzo; ma[133] la sua fierezza[134] per quella stessa famiglia non ne veniva scossa. Se fosse stato amore, avrei potuto anche capirlo. Ma molti dei protagonisti di quelle vicende[135] non li amava affatto, alcuni li considerava addirittura persone indegne[136], altri li disprezzava, ma per la

---

[131] M: erkennen significa «riconoscere», non «conoscere». Cambia il senso della frase.

[132] S MOD: «benissimo» è un'aggiunta, assente nella versione originale. Banalizza inoltre lo stile di Canetti.

[133] S: nella versione originale non c'è nessuna avversativa.

[134] I: al posto di «orgoglio», parola che è stata usata nel resto del testo come traducente di Stolz, qui viene usato il sinonimo «fierezza».

[135] S MOD: «di quelle vicende» è un'aggiunta, assente in tedesco. Inoltre penso che il termine «protagonisti» sia associato al romanzo che la madre dell'autore avrebbe potuto scrivere, non alle «vicende».

[136] M: empört sein significa «essere indignato». Cambia il senso della frase.

empfand sie nur Stolz.	famiglia in quanto tale provava solo orgoglio.
Spät habe ich erkannt, daß ich, auf die größeren Verhältnisse der Menschheit übertragen, genau wie sie bin. Ich habe den besten Teil meines Lebens damit zugebracht, dem Menschen, wie er in den historischen Zivilisationen erscheint, auf seine Schliche zu kommen. Ich habe die Macht so erbarmungslos untersucht und zerlegt wie meine Mutter die Prozesse in ihrer Familie.	Una cosa ho capito tardi, ed è[137] che io, se si proietta tutto ciò sul piano dei più vasti rapporti umani, sono fatto[138] esattamente come lei. Ho passato la parte migliore della mia esistenza[139] a mettere a nudo le debolezze[140] dell'uomo, quale ci appare nelle civiltà storiche. Ho analizzato il potere e l'ho scomposto nei suoi elementi con la stessa spietata lucidità[141] con cui mia madre analizzava i processi della sua famiglia. Ben poco del male che si può dire

---

[137] R: si ha una diversa accentuazione della frase, poiché alcuni elementi sono stati spostati.

[138] S: «fatto» è un'aggiunta, che non cambia però il senso della frase.

[139] MOD: Leben significa «vita», non «esistenza».

[140] M: jdm auf die Schliche kommen significa «scoprire le astuzie (o i trucchi) di qualcuno».

[141] M: so erbarmungslos significa «così spietatamente», non «con spietata lucidità». «Lucidità» è un'aggiunta, che va a modificare il senso della frase.

Es gibt wenig Schlechtes, was ich vom Menschen wie der Menschheit nicht zu sagen hätte. Und doch ist mein Stolz auf sie noch immer so groß, daß ich nur eines wirklich hasse: ihren Feind, den Tod.	dell'uomo e dell'umanità io non l'ho detto[142]. E tuttavia l'orgoglio che provo[143] per essa è ancora così grande che solo una cosa io odio veramente: il suo nemico, la morte.

---

[142] M PDV: il senso della frase e il punto di vista cambiano rispetto all'originale, poiché nella traduzione italiana sembra che si parli di un'azione avvenuta nel passato. Una traduzione alternativa potrebbe essere «C'è ben poco di negativo che non avrei da dire sull'uomo e sull'umanità».

[143] R S: la relativa allunga il periodo, ed è stata inserita poiché è stato omesso l'aggettivo possessivo prima di «orgoglio». Una soluzione più ridotta potrebbe quindi essere «il mio orgoglio per essa».

Appendice 2: Analisi prototesto-metatesto 18-23

"Kako la gallinica" – Wölfe und Werwölfe	"Kako la gallinica" - Lupi e lupi mannari
Ein eifriges und zugleich zärtliches Wort, das ich oft hörte, war „la butica". So nannte man den Laden, das Geschäft, in dem der Großvater und seine Söhne den Tag zubrachten. Ich wurde selten hingenommen, weil ich zu klein war. Es	Una parola che sentivo pronunciare spesso, con fervore e tenerezza insieme[144], era "la butica". Così si chiamava la bottega, il negozio in cui il nonno e i suoi figli trascorrevano la giornata. Mi ci portavano[145] di rado perché ero troppo

[144] DEST / M: nel testo tedesco gli aggettivi eifrig (operosa) e zärtlich (tenera) sono attributi di Wort (parola). La traduzione potrebbe essere «Una parola operosa e insieme tenera, che sentivo spesso, era "la butica"». Nella traduzione italiana i due aggettivi diventano nomi ed esprimono il modo in cui veniva pronunciata "la butica". C'è un cambiamento radicale di senso. Inoltre «sentivo pronunciare» alza il registro rispetto all'espressione «sentivo».

[145] PDV: il punto di vista è quello di Elias: «venivo ammesso raramente perché ero troppo piccolo». La versione italiana sposta lo sguardo fuori da Elias: «mi ci portavano di rado perché ero troppo piccolo». Cambiando il soggetto della frase, il testo italiano non ha lo stesso impatto emotivo del testo tedesco.

lag an einer steilen Straße, die von der Höhe der reicheren Viertel Rutstschuks stracks zum Hafen hinabführte. An	piccolo. Si trovava in una strada ripida, che dall'alto dei quartieri ricchi di Rustschuk scendeva dritta fino al porto. In quella strada si
dieser Straße lagen alle die größeren Geschäfte; das des Großvaters befand sich in einem dreistöckigen Haus, das mir stattlich und hoch erschien, die Wohnhäuser auf dem Hügel oben waren einstöckig. Man	trovavano tutte le ditte[146] importanti; quella del nonno era in una casa a tre piani, che allora[147] mi pareva alta e imponente, le case di abitazione sulla collina erano tutte[148] a un solo piano. Nella „butica"[149] si vendevano coloniali all'ingrosso, era

---

[146] DEST: in questo contesto sarebbe più adeguato tradurre con «negozi». «Ditte» appartiene ad un registro più alto e non è adatto al contesto

[147] PDV: «allora» non è presente nel testo tedesco, è un'aggiunta.

[148] S: «tutte» non è presente nel testo tedesco, è un'aggiunta che serve a rendere la frase più consueta in italiano, come se il lettore avesse un problema estetico nei confronti dello stile dell'originale.

[149] PDV/I: nel testo tedesco appare *darin* (lì), mentre nella versione italiana viene ripetuto «Nella butica».

verkaufte darin Kolonialwaren en gros, es war ein geräumiger Laden, in dem es wunderbar roch. Auf dem Boden standen große, offene Säcke mit verschiedenen Getreidesorten, es gab Säcke mit Hirse, mit Gerste und solche mit Reis. Ich durfte, wenn meine	un locale[150] molto[151] ampio, in cui si respirava [152] un odore meraviglioso. Per terra c'erano grandi sacchi aperti con diverse qualità di cereali, sacchi di lenticchie[153], di avena[154], [155] di riso. Se avevo le mani pulite,

---

[150] MOD: nella traduzione italiana troviamo una generalizzazione. *Laden* significa negozio, «locale» è più generico.

[151] MOD: nel testo tedesco l'aggettivo «ampio» non è al superlativo. Nel testo italiano c'è un'amplificazione.

[152] DEST / MOD: *in dem es wunderbar roch* significa «in cui c'era un odore meraviglioso». «si respirava» appartiene ad un registro più alto, inoltre è più specifico rispetto a «c'era».

[153] M: la traduzione italiana di *Hirse* è «miglio». C'è un cambiamento radicale di senso.

[154] M: la traduzione italiana di *Gerste* è «orzo». C'è un cambiamento radicale di senso.

[155] S/R: nel testo tedesco c'è la congiunzione «e», mentre nel testo italiano è stata messa solo una virgola. Questo cambiamento altera il ritmo della frase.

Hände sauber waren, hineingreifen und die Körner fühlen. Das war ein angenehmes Gefühl, ich füllte die Hand mit Körnern, hob sie hoch, roch daran und ließ die Körner langsam wieder herunterrinnen; das tat ich oft, und obwohl es viele andere	mi permettevano[156] di affondarle dentro per[157] sentire i granelli. Era una sensazione piacevole[158] riempirmi le mani[159] di grani, sollevarli, sentirne l'odore e poi lasciarli scorrere giù lentamente [160]; lo facevo spesso, e sebbene ci fossero nel negozio molte altre cose

[156] PDV: nel testo tedesco compare ich durfte che significa «avevo il permesso». La traduzione italiana «mi permettevano» modifica il punto di vista perché sposta il focus fuori da Elias.

[157] PDV/S: nel testo tedesco non c'è una proposizione finale, ma la congiunzione «e». Sentire i granelli è un'altra cosa che Elias aveva il permesso di fare. La versione italiana si sente in dovere di operare una mediazione logica, come se il lettore non fosse in grado di capire il nesso tra le due azioni.

[158] R: nel testo tedesco in questo punto c'è una virgola. L'assenza della virgola nel testo italiano ne altera il ritmo.

[159] M: nel testo tedesco troviamo «mano» al singolare.

[160] PDV: nel testo tedesco affiorano i ricordi del piccolo Elias che racconta la sequenza di azioni che gli procuravano una sensazione piacevole: «mi riempivo la mano di chicchi, la alzavo, li odoravo e lasciavo di nuovo scorrere giù i chicchi lentamente». La traduzione italiana cambia il punto di vista. La sequenza di verbi all'infinito nel testo italiano non ha lo stesso impatto emotivo del racconto in prima persona.

merkwürdige Dinge im Laden gab, tat ich das am liebsten und war schwer von den Säcken wegzubringen. Es gab Tee und Kaffee und besonders Schokolade.	straordinarie[161], non ce n'era nessuna che mi piacesse di più[162], ed era difficile staccarmi da quei sacchi. Si vendeva[163] tè e caffè e specialmente
Alles fand sich in großen Mengen und schön verpackt, es wurde nicht einzeln verkauft wie in gewöhnlichen Läden,	cioccolata. Tutto era in grandi quantità e bene imballato, non si vendeva al minuto come nei soliti negozi, e [164] i grandi sacchi aperti

[161] S/DEST: *viele andere merkwürdige Dinge* in questo caso significa «molte altre cose strane». Uniformazione al presunto gusto estetico del lettore italiano.

[162] R / S: nel testo tedesco troviamo *tat ich das am liebsten*, «questa era la cosa che preferivo fare», mentre nell'edizione italiana viene usata un'enfasi e un ordine delle parole differente, usando la doppia negazione. Cambia il ritmo e non viene rispettato lo stile dell'autore.

[163] DEST/PDV: L'espressione nel testo tedesco significa «c'era». «Si vendeva», oltre ad appartenere ad un registro più alto, pone l'accento sulla commercializzazione, mentre nel testo tedesco l'enfasi è su cosa vede il piccolo Elias nel magazzino del nonno paterno. Cambia il punto di vista: quello infantile è sostituito con quello adulto. Il punto di vista del bambino è sostituito da quello (presunto) del lettore adulto italiano.

[164] S/R: la congiunzione «e» è assente nel testo tedesco. La sua aggiunta modifica il ritmo della frase.

die offenen Säcke am Boden gefielen mir auch darum besonders, weil sie nicht zu hoch für mich waren und ich beim Hineingreifen die vielen Körner, auf die es ankam, fühlen konnte.	sul pavimento mi piacevano in modo particolare anche perché non erano troppo alti e per me e quando vi affondavo le mani riuscivo a distinguere[165] le diverse qualità dei granelli.
Die meisten Dinge, die es da gab, waren genießbar, aber nicht alle. Es gab Streichhölzer, Seifen	La maggior parte delle merci[166] [167]erano commestibili, ma non tutte. C'erano anche fiammiferi, sapone[168],

---

[165] MOD/I: il verbo *fühlen* (sentire) è stato tradotto con «distinguere», che è più specifico. Il traduttore non ha forse notato il rimando intratestuale, (vedi dieci righe sopra) dove compariva lo stesso verbo che era stato tradotto con «sentire».

[166] I / MOD / DEST: traducendo Dinge (cose) con «merci» non viene rispettato il rimando a Dinge che si trova in precedenza (merkwürdige Dinge = cose strane). Inoltre «merci» è più specifico di «cose» e appartiene ad un registro più alto e non ad un registro infantile.

[167] S: nel testo tedesco c'è una proposizione incidentale (die es da gab, = che c'erano/si trovavano lì) che in italiano viene omessa.

[168] MOD: nel testo tedesco la parola «sapone» (Seifen) è al plurale, intendendo diversi tipi di sapone. Generalizzazione.

<table>
<tr><td>

und Kerzen. Es gab auch Messer, Scheren, Wetzsteine, Sicheln und Sensen. Die Bauern, die aus den Dörfern einkaufen kamen, standen lange davor und prüften mit den Fingern ihre Schärfe. Ich sah ihnen interessiert und ein wenig ängstlich zu, mir

</td><td>

candele. E[169] inoltre coltelli, forbici, coti per affilare, falci e falcetti. I contadini che venivano dai villaggi a fare acquisti li osservavano a lungo[170] e ne saggiavano[171] la lama con il dito. Io li guardavo con molto[172] interesse e anche[173] un po' di paura, il

</td></tr>
</table>

---

[169] I: Mentre in italiano troviamo solamente la preposizione «E» nel testo tedesco la frase inizia con Es gab auch («C'erano anche»). Non viene rispettato il rimando intratestuale a Es gab della riga precedente.

[170] S/MOD: l'espressione tedesca significa «stavano a lungo lì davanti». Nel testo tedesco non viene espresso il concetto di «osservare». La frase è resa più 'plausibile', come se ci fosse bisogno di una facilitazione logica per il lettore italiano. Nel testo italiano è più esplicita.

[171] DEST: l'espressione "saggiare la lama col dito" appartiene ad un registro più alto rispetto a *prüften ihre Schärfe* («controllavano con le dita quanto erano affilate»).

[172] S: nel testo tedesco l'amplificazione «molto» all'aggettivo *interessiert* (interessato), non è presente. Si tratta di un'aggiunta allo scopo di rendere la frase più 'normale'.

[173] R/S: nel testo tedesco la parola «anche» non è presente. Si tratta di un'aggiunta che modifica il ritmo della frase e l'enfasi.

war es verboten, Messer zu berühren. Einmal	permesso di toccare le lame affilate non l'avevo[174]. Una volta un contadino,
nahm ein Bauer, den mein Gesicht wohl belustigte, meinen Daumen in die Hand, legte ihn neben seinen und zeigte mir, wie hart seine Haut war. Aber ich bekam nie eine Schokolade zum Geschenk, der Großvater, der hinten in einem Kontor saß, führte ein strenges Regiment, und alles war en gros.	evidentemente divertito dalla mia faccia, mi prese il pollice nella mano, lo mise vicino al suo e mi mostrò come era dura la sua pelle. Ma non ebbi mai una tavoletta di cioccolata cioccolata in regalo, il nonno, che se ne stava nel retro seduto nel suo [175] ufficio, dirigeva la ditta con severità e tutto era venduto all'ingrosso.
Zu Hause bewies er mir seine Liebe, weil ich seinen vollen Namen trug, auch seinen Vornamen. Im Geschäft sah er mich	A casa mi dimostrava il suo affetto, perché mi chiamavo proprio come lui, avevo anche il suo nome, non solo il cognome. Ma in

---

[174] R/S: il significato della frase nel testo tedesco è: «a me era vietato toccare le lame affilate». Nel testo italiano «il permesso di toccare le lame affilate non l'avevo» modifica l'enfasi della frase e snatura lo stile dell'autore.
[175] PDV: nel testo tedesco l'aggettivo possessivo non è presente, troviamo solamente «in un ufficio».

aber nicht besonders gern, und ich durfte nie lange bleiben. Wenn er eine	negozio non mi vedeva molto volentieri e non mi dava il permesso[176] di fermarmi a lungo. Quando
Anweisung gab, rannte der Angestellte, der sie empfing, eilig davon, und manchmal verließ einer mit Paketen den Laden. Am liebsten mochte ich einen mageren, ärmlich gekleideten älteren Mann, der immer abwesend lächelte. Er	lui dava un ordine, l'impiegato che lo riceveva correva via in fretta,[177] spesso[178] uno di loro usciva[179] con dei pacchi. Quello che più mi piaceva era un uomo magro, poveramente vestito e piuttosto anziano, che sorrideva sempre con aria assente.

[176] M / PDV/ I: *ich durfte nie lange bleiben* (io non avevo mai il permesso di fermarmi a lungo) è stato tradotto con «non mi dava il permesso di fermarmi a lungo». Manca la resa di «mai». Inoltre cambia il punto di vista: nel testo italiano il soggetto è il nonno, mentre nel testo tedesco l'autore parla in prima persona. *Ich durfte* ricorre più volte nel testo e questo rimando dovrebbe essere riconosciuto e riprodotto.

[177] R: in questo punto nel testo tedesco c'è la congiunzione und («e») che è omessa nel testo italiano, modificando il ritmo.

[178] MOD: l'avverbio *manchmal* significa «talvolta», nella versione italiana con «spesso» viene modificata la frequenza dell'avvenimento.

[179] MOD: la frase tedesca significa «lasciava il negozio con dei pacchi», la frase italiana è più generica.

hatte unbestimmte Bewegungen und fuhr zusammen, wenn der Großvater etwas sagte. Er schien zu träumen und war ganz anders als die anderen Leute, die ich im Laden sah. Für mich hatte er immer ein freundliches Wort, er sprach so unbestimmt, daß ich ihn nicht verstand, aber ich spürte, daß er mir gut gesinnt war. Er hieß Tschelebon und	Aveva dei movimenti incerti e sussultava ogni volta che il nonno diceva qualcosa. Pareva che stesse sognando ed era molto diverso dall'altra gente che vedevo nel negozio. Per me aveva sempre una parolina[180] gentile, parlava in modo così indistinto che non lo capivo, ma sentivo che mi voleva bene[181]. Si chiamava Tschelebon e gli avevano dato
wurde als armer und hoffnungslos untüchtiger Verwandter aus Mitleid beschäftigt.	l'impiego per compassione, perché era un parente povero e incapace, un caso

---

[180] MOD: *ein freundliches Wort* significa «una parola gentile», mentre nella versione italiana «una parolina gentile» rappresenta una modulazione di senso poiché è un vezzeggiativo.

[181] MOD: *daß er mir gut gesinnt war* significa «che era ben disposto verso di me». L'espressione del testo italiano «mi voleva bene» è troppo intensa.

Ich hörte immer Tschelebon rufen, wie einem Diener, so habe ich ihn in Erinnerung behalten und erfuhr erst viel später, daß er ein Bruder des Großvaters war.	disperato[182]. Io sentivo sempre chiamare Tschelebon come si chiama un domestico, ed è così che mi è rimasto nella memoria[183,184]; solo molto più tardi venni a sapere che era un fratello del nonno.
Die Straße vorm großen Tor unseres Hofes war staubig und verschlafen. Wenn es	La strada davanti al cancello grande del nostro cortile era polverosa e sonnolenta.

---

[182] S/MOD/R: l'avverbio *hoffnungslos* è stato tradotto in italiano come «un caso disperato». Si tratta qui tuttavia del rafforzativo dell'aggettivo *untüchtig* («incapace»). La traduzione potrebbe essere «irrimediabilmente incapace». Inoltre, l'intero periodo nel testo tedesco, più breve, non contiene nemmeno una virgola, mentre nel testo italiano ne compaiono due. La frase del testo italiano ha un ritmo diverso.

[183] R: nel testo tedesco troviamo «così mi è rimasto nella memoria», mentre nel testo italiano si è optato per la frase «ed è così che mi è rimasto nella memoria», aggiungendo all'inizio la congiunzione «e» che non c'è nel testo tedesco e grazie alla costruzione differente si è modificato il ritmo originale.

[184] R: nel testo tedesco c'è la congiunzione "und" (e), mentre nella versione italiana si è optato per un punto e virgola, modificando il ritmo del periodo.

stark regnete, verwandelte sie sich in Schlamm, in dem die Droschken tiefe Spuren hinterließen. Ich durfte nicht auf der Straße spielen, auf unserem großen Hof war mehr als genug Platz und er war sicher. Aber manchmal hörte ich draußen ein heftiges Gackern, das	Quando pioveva forte si trasformava in un pantano in cui le carrozze lasciavano solchi profondi. Non avevo il permesso di giocare sulla[185] strada, nel cortile c'era spazio in abbondanza e si[186] era al sicuro. Ma talvolta udivo fuori un violento
bald lauter und aufgeregter wurde. Dann dauerte es nicht	schiamazzare che si faceva man mano[187] più forte ed eccitato. Subito

---

[185] CS: si tratta di un calco semantico, poiché in italiano è preferibile dire «in strada» oppure «per strada».

[186] MOD/PDV: il soggetto della frase tedesca (*er*) si riferisce al cortile. Il cortile era un luogo sicuro. La frase del testo italiano è più generica e cambia il punto di vista, poiché nel testo tedesco si parla del cortile come luogo sicuro e nel testo italiano il focus sono le persone che possono sentirsi al sicuro.

[187] DEST/MOD: *bald* significa «presto». Nella versione italiana, utilizzando l'avverbio «man mano» si dà l'impressione che lo schiamazzare impieghi un tempo più lungo a diventare forte ed eccitato. Il registro è innalzato artificiosamente.

lange, und zum Tor stürzte gackernd und zitternd vor Angst ein Mann in schwarzen, abgerissenen Kleidern herein, auf der Flucht vor den	dopo[188] si precipitava verso[189] il cancello, chiocciando e tremando tutto[190] di paura, un uomo vestito di stracci neri[191] che fuggiva da una banda di bambini di

---

[188] S / R: la frase nel testo tedesco *Dann dauerte es nicht lange, und…* (Poi non passava molto tempo, e…) è stata tradotta con «Subito dopo», eliminando la virgola e quindi modificando lo stile e il ritmo del testo tedesco.

[189] M: l'espressione utilizzata dall'autore è *zum Tor hereinstürzen* che significa «entrare dal cancello precipitandosi». L'espressione utilizzata nel testo italiano non dà l'idea che l'uomo entri dal cancello.

[190] R/S: nel testo tedesco troviamo zitternd vor Angst («tremando di paura»). Nel testo italiano è stato aggiunto «tutto» che modifica l'enfasi della frase e non rende lo stile sobrio dell'autore.

[191] MOD/S/R: l'espressione *ein Mann in schwarzen, abgerissenen Kleidern* («un uomo con indosso abiti neri, stracciati») è stata resa in italiano utilizzando l'espressione «vestito di stracci neri» che è più specifica rispetto al testo tedesco. Inoltre, l'enfasi e il ritmo dato dei due aggettivi separati dalla virgola che troviamo nel testo tedesco non è riprodotta nel testo italiano.

Straßenkindern. Sie waren alle hinter ihm her, riefen: „Kako! Kako!" und gackerten wie Hühner. Er fürchtete sich vor Hühnern, und darum verfolgten sie ihn. Er war ihnen einige	strada[192]. I ragazzini[193] lo incalzavano dappresso[194] [195]gridando "Kako! Kako!" e schiamazzavano come galline. Lui aveva paura delle galline e proprio[196] per questo gli correvano dietro. L'uomo[197] aveva

---

[192] M /MOD: in tedesco troviamo auf der Flucht vor den Straßenkindern, che significa «in fuga dai bambini della strada». Nella versione italiana viene introdotto il concetto di «banda», assente nel testo tedesco. Inoltre, l'espressione italiana «bambini di strada» può fuorviare il lettore del testo italiano, inducendolo a pensare a bambini che vivono per la strada, specificando una categoria di bambini non compatibile con il contesto.

[193] I: in tedesco troviamo il pronome personale Sie («essi»), in italiano invece «I ragazzini».

[194] MOD/DEST: nel testo tedesco troviamo Sie waren alle hinter ihm her («tutti lo seguivano» oppure «erano tutti dietro di lui»), mentre nel testo italiano «lo incalzavano dappresso» dà un'immagine amplificata e appartiene ad un registro più elevato.

[195] S/R: nel testo tedesco troviamo riefen («urlavano») preceduto dalla virgola, mentre nel testo italiano si è optato per un gerundio («urlando»), omettendo la virgola. Questo modifica il ritmo del periodo.

[196] S: è stato aggiunto l'avverbio «proprio», che amplifica l'espressione, che nel testo tedesco non compare.

[197] I: in tedesco troviamo il pronome personale Er («lui»), in italiano invece «L'uomo».

Schritte voraus und verwandelte sich unter meinen Augen selbst in ein Huhn. Er gackerte heftig, aber in verzweifelter Angst, und machte mit den Armen flatternde Bewegungen. Er stürzte atemlos die Stufen zum Hause	qualche passo di vantaggio su di loro e, sotto i miei occhi, lui stesso si trasformava in una gallina. Chiocciava forte, ma in preda a una paura disperata, e muoveva le braccia come un uccello sbatte le ali[198]. Si precipitava a perdifiato
des Großvaters hinauf, wagte sich aber nie hinein, sprang auf der anderen Seite herunter und blieb regungslos	su per i gradini che portavano alla casa del nonno, ma non osava[199] entrare, e anzi[200] ripiombava[201] giù

[198] DEST: l'espressione del testo italiano è più specifica - perché nel testo tedesco non compare la parola «uccello» - oltre ad essere più lunga. Una traduzione più generica potrebbe essere «faceva movimenti svolazzanti con le braccia».

[199] R/MOD: nel testo tedesco troviamo «non osava mai entrare». L'avverbio «mai», che dà un'enfasi particolare alla frase, è assente nel testo italiano.

[200] DEST: «e anzi» è assente dal testo tedesco, e ciò conferisce al testo un innalzamento di registro e una facilitazione logica che Canetti non ha sentito la necessità di offrire al lettore dell'originale.

[201] DEST: «ripiombava» è assente dal testo tedesco. Nel testo tedesco troviamo sprang auf der anderen Seite herunter che significa «saltava giù dall'altra parte». Innalzamento di registro.

liegen. Die Kinder blieben gackernd beim Hoftor stehen, sie durften den Hof nicht betreten. Wenn er wie tot dalag, fürchteten sie sich ein wenig und zogen davon. Aber bald stimmten sie draußen ihren	dall'altra parte con un salto e restava immobile per terra[202]. I bambini rimanevano fuori dal cancello continuando[203] a schiamazzare, sapevano di non poter entrare[204]. Quando lo vedevano[205] disteso come morto,
Triumphgesang an: „Kako la gallinica!	provavano un po' di paura e

---

[202] MOD: nel testo italiano si è omesso di specificare che l'uomo si trovava «disteso» (liegen).

[203] S: il verbo «continuare» è assente nel testo tedesco, dove troviamo Die Kinder blieben gackernd beim Hoftor stehen («I bambini rimanevano presso il cancello schiamazzando»). È alterato lo stile dell'autore.

[204] S/PDV: nel testo tedesco troviamo sie durften den Hof nicht betreten («non avevano il permesso di entrare nel cortile»). Nel testo italiano viene introdotto il concetto che i bambini «sapevano», assente nel testo tedesco. Cambia lo stile e il punto di vista: avere il permesso è concetto infantile, sapere è da adulto.

[205] S/PDV: il verbo «vedere» è assente dal testo tedesco, dove troviamo solamente Wenn er wie tot dalag («Quando era disteso lì come morto»). Si introduce il punto di vista del bambino che vede, che Canetti aveva omesso.

Kako la gallinica!" – „Kako das Hünchen! Kako das Hünchen!" – Solange man sie hören konnte, blieb Kako regungslos liegen. Kaum waren sie außer Hörweite, erhob er sich, griff sich ab, sah sich vorsichtig um, horchte noch eine Weile ängstlich und schlich sich dann gekrümmt, aber ganz still aus dem Hof. Jetzt war er kein Huhn mehr, er flatterte und gackerte nicht und war wieder der zerschlagene Idiot des Reviers.

indietreggiavano[206]. Ma subito dopo, da fuori, intonavano il loro canto di trionfo: "Kako la gallinica! Kako la gallinica" – "Kako la gallinella! Kako la gallinella!". Fintanto che le loro voci si potevano udire, Kako restava immobile; ma non appena svanivano in lontananza, egli si rialzava, si palpava ben bene[207], si guardava prudentemente intorno, rimaneva ancora un lungo momento[208] in ascolto[209] e infine[210] si

---

[206] S/DEST/PDV: zogen davon significa «se ne andavano». l registro viene innalzato, e si introduce il punto di vista del bambino che arretra (rivolto verso la scena) quando invece è un semplice allontanamento.

[207] S: «ben bene» è un'aggiunta del testo italiano

[208] DEST: nel testo tedesco troviamo eine Weile («un attimo»), nel testo italiano invece «un lungo momento». Questa espressione dà l'idea di un tempo più lungo rispetto al testo originale e soprattutto innalza il registro.

[209] M: nel testo italiano è stato omesso di scrivere che l'uomo era in ascolto «impaurito» (ängstlich).

[210] DEST/MOD: dann («poi») è qui tradotto con «infine», di registro più alto.

	allontanava dal cortile, curvo, ma in assoluto silenzio. Adesso non era più una gallina, non sbatteva le ali né chiocciava più[211].[212] era di nuovo l'idiota del quartiere, sconfitto e affranto[213].
Manchmal, wenn die Kinder nicht weit auf der Straße auf ihn gelauert hatten, begann	Talvolta, quando i bambini di strada[214] erano rimasti in agguato ad aspettarlo non

---

[211] S: «più» è assente dal testo tedesco

[212] R: la congiunzione und del testo tedesco è stata sostituita con i due punti nel testo italiano, modificando il ritmo del testo originale.

[213] M: nel testo tedesco compare solamente un aggettivo, zerschlagen («sfinito»), nel testo italiano troviamo due aggettivi, «sconfitto e affranto», che aggiungono informazioni che non troviamo specificate così e innalzano il registro.

[214] I: il soggetto del testo tedesco è die Kinder («i bambini»). Nel testo italiano troviamo «i bambini di strada». Il traduttore crea un rimando intratestuale inesistente nel testo tedesco, ripetendo «i bambini di strada» (v. nota 46). La parola «strada», Straße, compare nella frase, ma per esprimere il luogo dove i bambini facevano la posta all'uomo.

das unheimliche Spiel von neuem. Meist verzog es sich in eine andere Straße, und ich sah nichts mehr davon. Vielleicht hatte ich Mitleid mit Kako, ich erschrak immer, wenn	lontano di lì[215], il poveretto[216] ricominciava quel suo gioco sinistro[217]. Il più delle volte però[218] cercava riparo[219] in un'altra strada e io non lo[220] vedevo più. Forse

---

[215] PDV: nel testo tedesco troviamo auf der Straße, ma poiché che il traduttore ha utilizzato la parola «strada» nella collocazione «bambini di strada» (vedi nota precedente), il luogo dove si svolge la scena viene tradotto con «lì».

[216] M: il concetto di «poveretto» è assente nel testo tedesco.

[217] PDV: La frase nel testo tedesco begann das unheimliche Spiel von neuem significa «il gioco sinistro iniziava di nuovo». Siamo in presenza di un cambiamento radicale di di prospettiva e di punto di vista poiché nel testo italiano il soggetto della frase è l'uomo, definito poveretto, che «ricominciava quel suo gioco sinistro».

[218] S: la congiunzione avversativa «però» è assente nel testo tedesco.

[219] M: nel testo tedesco il soggetto della frase è es, cioè das Spiel (il gioco). Nel testo italiano è l'uomo (che in tedesco avrebbe dovuto essere espresso dal pronome er, lui) che «cerca riparo». Il significato della frase tedesca è «[il gioco] si spostava in un'altra strada».

[220] M: «lo» non è riferito l'uomo; l'autore si sta riferendo ancora al gioco. Si potrebbe tradurre «e io non vedevo più niente».

er sprang, aber wovon ich nie genug bekam, was ich jedesmal in der gleichen Aufregung mit ansah, war seine Verwandlung in ein riesiges	avevo compassione di Kako, quando saltava mi spaventavo sempre [221], ma ciò che non mi stancavo mai di vedere [222], ciò che fissavo[223] ogni volta con la stessa eccitazione era la sua
schwarzes Huhn. Ich begriff nicht, warum die Kinder ihn verfolgten, und wenn er ganz still nach seinem Sprung am Boden lag, fürchtete ich, er werde nicht aufstehen	metamorfosi in una gigantesca gallina nera. Non capivo perché i bambini lo inseguissero, e quando lui, dopo il salto, restava disteso immobile per terra,

[221] R: è stato invertito l'ordine della proposizione principale e della secondaria. Secondo l'ordine nel testo tedesco, la traduzione avrebbe dovuto essere «mi spaventavo sempre quando saltava». Viene modificata l'enfasi. Nel testo tedesco le due emozioni (avevo compassione / mi spaventavo) sono vicine, separate solo da una virgola.

[222] S: Si modifica lo stile dell'autore, che va per gradi e nella prima frase scrive solamente wovon ich nie genug bekam («ciò che non mi stancava mai»), e nella frase successiva specifica di cosa si tratta (was ich jedesmal mit der gleichen Aufregung it ansah, «ciò che osservavo ogni volta con la stessa eccitazione»).

[223] MOD: «fissare» è molto più specifico dell'effetto di ansehen, che significa guardare, osservare. Il traduttore lo ha usato per diversificare, avendo già utilizzato «vedere» nella frase precedente.

und nie wieder zum Huhn werden.	avevo sempre[224] paura che non dovesse[225] più rialzarsi e non tornasse più a fare la gallina[226].
Die Donau an ihrem bulgarischen Unterlauf ist sehr breit. Giurgiu, die Stadt gegenüber, gehörte zu Rumänien. Von dort sei, so hieß es, die Amme gekommen, die mich mit ihrer Milch nährte. Sie sei eine starke, gesunde Bäuerin gewesen und nährte zugleich ihr eigenes Kind, das sie mitbrachte. Ich hörte immer Rühmendes von	Nell'ultimo tratto del suo corso attraverso la Bulgaria, il Danubio è molto ampio. Giurgiu, la città sulla sponda opposta[227], apparteneva alla Romania. Di lì, si raccontava, era venuta la balia che mi aveva nutrito col suo latte. Dicevano che era una contadina forte e robusta, che aveva portato con sé il suo bambino e ci allattava

---

[224] M: «sempre» è assente dal testo tedesco

[225] DEST: il verbo «dovere» è assente nel testo tedesco, serve ad alzare il registro.

[226] PDV: nie wieder zum Huhn werden significa «non diventasse più una gallina». Tornasse dà l'idea di padronanza dell'azione, diventasse è più passivo.

[227] PDV/S: nel testo tedesco troviamo die Stadt gegenüber («la città di fronte»). Nel testo italiano cambia il punto di vista, che diventa esterno, e non viene mantenuto lo stile dell'autore.

ihr sagen, und obwohl ich mich nicht an sie erinnern kann, behielt um ihretwillen das Wort „rumänisch" für mich einen warmen Klang.	insieme[228]. Io ne sentivo sempre parlare come di un personaggio importante[229] e, sebbene, non riesca a ricordarmi di lei, per merito suo la parola "rumeno" ha conservato per me
In seltenen Jahren fror die Donau im Winter zu, und man erzählte sich aufregende Geschichten darüber. Die Mutter war in ihrer Jugend öfters auf einem Schlitten nach	un suono affettuoso. In qualche raro inverno il Danubio gelava e a questo proposito si narravano storie straordinarie[230]. In gioventù la mamma era andata più volte con la

---

[228] S: la sintassi del testo italiano non corrisponde a quella del testo tedesco. Il testo tedesco significa «Dicevano che era una contadina forte e robusta e allattava contemporaneamente suo figlio che aveva portato con sé»

[229] M: il verbo rühmen significa «elogiare». La traduzione potrebbe essere «Sentivo sempre dire parole di elogio su di lei».

[230] S: il significato di aufregend è «emozionante». Utilizzando l'aggettivo «straordinario» c'è un'uniformazione al presunto gusto estetico del lettore italiano.

Rumänien hinübergefahren, sie zeigte mir die warmen Pelze, in die sie dabei eingepackt war. Wenn es kalt wurde, kamen Wölfe von den Bergen herunter und fielen ausgehungert über die Pferde vor den	slitta fino[231] in Romania e[232] io vidi, perché lei me le mostrò[233], le calde pellicce in cui allora si era avvolta[234]. Quando il freddo si faceva molto intenso[235], i lupi scendevano dalle montagne e si gettavano famelici sui

---

[231] S: «fino» non compare nel testo tedesco. È un abbellimento.

[232] R/S: la congiunzione «e» nel testo tedesco è assente. Al suo posto c'è una virgola. Cambia il ritmo del periodo e lo stile dell'autore.

[233] S/PDV/R: l'espressione tedesca sie zeigte mir significa «lei mi mostrò». Il testo italiano è più prolisso («e io vidi, perché lei me le mostrò,) e non rispecchia lo stile dell'autore, e altera il punto di vista. Cambia anche il ritmo, poiché nel testo italiano il complemento oggetto (le calde pellicce) è anche separato da una virgola.

[234] PDV: nel testo tedesco non è stato utilizzato il verbo nella forma riflessiva («nelle quali era avvolta»)

[235] MOD/DEST: Wenn es kalt wurde, nello stile sobrio di Canetti, significa «quando diventava freddo». La frase utilizzata utilizza un registro più alto e l'espressione è amplificata. C'è un'uniformazione ad un astratto "stile letterario".

Schlitten her. Der Kutscher suchte sie mit Peitschenhieben zu vertreiben, aber das nützte nichts und man mußte auf sie schießen. Bei einer	cavalli che trainavano[236] le slitte. Il cocchiere cercava di cacciarli a colpi di frusta, ma non serviva a nulla e così era costretto a ucciderli[237]a fucilate. In una di queste
solchen Fahrt stellte es sich heraus, daß man nichts zum Schießen mitgenommen hatte.	occasioni[238], si accorsero quando ormai era troppo tardi[239] di non aver portato i fucili

---

[236] S/MOD: il traduttore ha sentito il bisogno di introdurre una relativa. Die Pferde vor den Schlitten parola per parola significa «i cavalli davanti alle slitte» Per evitare di introdurre una relativa ed esplicitare il ruolo dei cavalli, si sarebbe potuto tradurre «i cavalli delle slitte».

[237] MOD: La frase del testo tedesco man mußte auf sie schießen significa «si doveva sparare a loro». L'espressione del testo italiano è più specifica perché specifica l'arma utilizzata e il fatto che l'arma uccidesse.

[238] MOD: Bei einer solchen Fahrt significa «Durante uno di questi viaggi». «occasioni» è più generico.

[239] S: «quando ormai era troppo tardi» non compare nel testo tedesco. La versione italiana opera una mediazione logica per "aiutare" il lettore.

Ein bewaffneter Tscherkesse, der als Diener im Hause lebte, hätte mitkommen sollen, aber er war ausgeblieben, und der Kutscher war ohne ihn losgefahren. Man hatte Mühe, sich der Wölfe zu erwehren, und geriet in große Gefahr. Wenn nicht zufällig ein	[240]. Il[241] circasso armato che viveva in casa come domestico avrebbe dovuto accompagnare la spedizione[242], ma quella volta[243] non s'era visto e il cocchiere partì [244] senza di lui. Dovettero penare molto per difendersi dai lupi e il pericolo fu grave. Se per puro caso non fosse

[240] MOD: nel testo tedesco troviamo nichts zum Schießen mitgenommen hatte (non avevano portato con sé niente per sparare). La versione italiana specifica che non si erano portati i fucili.

[241] PDV/I: nel testo tedesco troviamo l'articolo indeterminativo Ein, nel testo italiano l'articolo determinativo.

[242] S/DEST: hätte mitkommen sollen significa «avrebbe dovuto venire con loro». Nel testo italiano il registro è più alto e viene specificato che si trattava di una spedizione. Non viene usato lo stile sobrio dell'autore.

[243] PDV: «quella volta» non compare nel testo tedesco dove non è presente nessun complemento di tempo.

[244] I: nel testo tedesco troviamo due verbi al trapassato prossimo. Nel testo italiano, il secondo verbo, «partì» è inspiegabilmente al passato remoto. Dovrebbe essere anch'esso al trapassato prossimo.

Schlitten mit zwei Männern entgegengekommen wäre, die durch Schüsse einen Wolf	apparsa un'altra[245] slitta con due uomini che viaggiavano nella direzione opposta[246]
töteten und die anderen vertrieben, hätte es sehr schlecht ausgehen können. Die Mutter hatte große Angst ausgestanden, sie schilderte die roten	e che spararono ai lupi, uccidendone uno e mettendo in fuga gli altri[247], la cosa sarebbe potuta finire molto, ma molto[248] male. La mamma aveva provato

[245] S: «altra» è assente dal testo tedesco (ein Schlitten, una slitta). Il testo italiano vuole aiutare il lettore a seguire la vicenda.

[246] S/PDV: nel testo italiano è stata introdotta una relativa assente nel testo tedesco. Il testo tedesco significa «Se dalla direzione opposta non fosse arrivata per caso una slitta con due uomini». Nel testo italiano è stato utilizzato il verbo «apparire» ed è stata creata una relativa con i due uomini che viaggiavano, come soggetto. Lo stile asciutto di Canetti non viene riprodotto.

[247] S: la frase del testo tedesco è più lineare: die durch Schüsse einen Wolf töteten und die anderen vertrieben, «che con i loro spari uccisero un lupo e scacciarono gli altri». Il testo italiano ha una sintassi diversa, con l'utilizzo di una virgola e due gerundi.

[248] R/S: l'enfasi data dall'espressione «molto, ma molto male» è assente dal testo tedesco, dove troviamo hätte es sehr schlecht ausgehen können (la cosa avrebbe potuto finire male).

Zungen der Wölfe, die so nahe gekommen waren, daß sie noch in späteren Jahren von ihnen träumte.	un grande spavento, descriveva le lingue rosse dei lupi, erano arrivati talmente vicini che le capitava di sognarseli ancora, pur essendo passati molti anni[249].
Ich bettelte oft um diese Geschichte, und sie erzählte sie gern. So	Io la supplicavo spesso di raccontarmi quella storia e lei lo faceva

---

[249] S/R: attraverso la modifica della punteggiatura e della sintassi, il testo italiano non rispecchia il ritmo e lo stile dell'autore. Nel testo tedesco semplicemente «descriveva le lingue rosse dei lupi che erano venuti così vicini, che lei li sognava ancora dopo molti anni». Nel testo italiano dopo «lupi» non è stata mantenuta la relativa ed è stata inserita una virgola che dà un'enfasi diversa. È stato utilizzato il verbo «capitare», assente nel testo tedesco ed è stata utilizzata l'espressione «pur essendo passati molti anni». Il testo italiano sembra accompagnare il lettore nella lettura con una sintassi che vorrebbe essere più accondiscendente.

wurden Wölfe die wilden Tiere, die meine Phantasie zuerst erfüllten. Der Schrecken vor ihnen wurde genährt durch die Märchen, die ich von den bulgarischen Bauernmädchen hörte. Fünf, sechs von ihnen	volentieri[250]. Così i lupi furono gli animali feroci che per primi riempirono la mia fantasia. La paura che avevo di loro era alimentata dalle fiabe che mi raccontavano le contadinelle bulgare[251]. Ce n'erano sempre

---

[250] S/PDV/DEST: Il verbo betteln significa in altri contesti «elemosinare» o «chiedere insistentemente». In questo contesto potrebbe essere tradotto semplicemente con «chiedere». Il verbo «supplicare» appartiene ad un registro più alto. Inoltre, essendo un verbo intransitivo, obbliga a usare un altro verbo per dare un senso compiuto alla frase. Nel testo tedesco troviamo Ich bettelte oft um diese Geschichte, und sie erzählte sie gern («Le chiedevo spesso questa storia e lei la raccontava volentieri», rispetto al testo italiano «Io la supplicavo spesso di raccontarmi quella storia e lei lo faceva volentieri»). Nel testo italiano lo stile è diverso. C'è anche da notare anche la traduzione di «quella storia» che allontana dal lettore la vicenda rispetto a «questa storia» del testo tedesco.

[251] PDV: nel testo tedesco il soggetto è ich, «le fiabe che ascoltavo dalle contadinelle bulgare», mentre nel testo italiano il soggetto sono le contadinelle bulgare, «le fiabe che mi raccontavano le contadinelle bulgare». Questo cambiamento traduttivo è rilevante. Elias parla in prima persona. Ascoltare le fiabe alimenta la sua paura.

lebten immer bei uns im Hause. Sie waren ganz jung, vielleicht zehn oder zwölf, und waren von ihren Familien aus den Dörfern in die Stadt gebracht worden, wo man sie als Dienstmädchen in die Häuser der	cinque o sei[252] in casa nostra. Erano giovanissime, avevano forse dieci o dodici anni, e dai loro villaggi le famiglie le mandavano in città[253] dove erano messe a servizio come domestiche nelle case dei benestanti. Giravano
Bürger verdingte. Sie liefen barfuß im Hause herum und waren stets	scalze per casa ed erano sempre di buon umore, non avevamo molto da

---

[252] R/MOD: nel testo tedesco inizia con fünf, sechs von ihnen lebten («cinque, sei di di loro vivevano»), mentre per il testo italiano viene scelta un'enfasi diversa: «Ce n'erano sempre cinque o sei». Inoltre il testo italiano è più generico, poiché si limita a dire che ce n'erano sempre cinque o sei, senza specificare che vivevano in casa di Elias.

[253] PDV: nel testo tedesco il verbo è al passivo («dai paesi, erano state portate dalle loro famiglie in città»). Nel testo italiano cambia il punto di vista («le famiglie le mandavano in città»). Inoltre viene modificato il tempo verbale; l'imperfetto del testo italiano indica una consuetudine, mentre il trapassato prossimo del testo tedesco indica un fatto avvenuto precedentemente.

guter Dinge, viel hatten sie nicht zu tun, sie taten alles zusammen, sie wurden zu meinen frühesten Spielgefährten.	fare e[254] quel poco lo facevano tutte insieme [255]; divennero le mie prime compagne di giochi.
Abends, wenn die Eltern ausgegangen waren, blieb ich mit ihnen zu Hause. An den Wänden des großen Wohnzimmers liefen ihrer ganzen Länge nach niedere türkische Sofas. Außer den Teppichen überall und einigen kleinen Tischen waren sie die einzige ständige Einrichtung dieses Raums, deren ich mich entsinne. Wenn es	La sera, quando i miei genitori uscivano, io restavo a casa con loro. Nella grande stanza di soggiorno, correvano lungo tutte le pareti bassi divani turchi. Oltre ai tappeti sparsi dappertutto e ad alcuni tavolinetti, erano i soli arredi permanenti della sala di cui io riesca a ricordarmi[256]. Quando faceva buio, le ragazzine venivano

---

[254] R: la congiunzione «e» non è presente nel testo tedesco, dove è presente una virgola. Ciò modifica il ritmo del periodo.

[255] R/S: sie taten alles zusammen («facevano tutto insieme») è una frase asciutta, tipica dello stile di Canetti. Il testo italiano ha una cadenza diversa («e quel poco lo facevano tutte insieme») non rispecchia lo stile originale

[256] S: nel testo tedesco troviamo deren ich mich entsinne («di cui mi ricordi»). Nel testo italiano è stata utilizzata la frase più complessa «di cui io riesca a ricordarmi»

dunkel wurde, bekamen die Mädchen Angst. Auf einem der Sofas gleich beim Fenster	colte dalla paura, Allora [257] ci accucciavamo tutti insieme su uno dei divani accanto alla finestra, loro mi
kauerten wir uns alle dicht zusammen, mich nahmen sie in die Mitte, und nun begannen ihre Geschichten von Werwölfen und Vampiren. Kaum war eine zu Ende, begannen sie mit der nächsten, es	prendevano nel mezzo e cominciavano a raccontare[258] storie di lupi mannari e di vampiri;[259] appena finita una storia, subito ne cominciavano un'altra ed[260] era una cosa terribile;[261] eppure io,

[257] R/PDV: «Allora» è assente dal testo tedesco. La frase italiana inizia con un ritmo diverso rispetto al testo tedesco

[258] PDV/R/S: il testo tedesco und nun begannen ihre Geschichten von Werwölfen und Vampiren («e allora iniziavano le loro storie di lupi mannari e vampiri») ha come soggetto le storie. Nel testo italiano sono le ragazze che «cominciano a raccontare storie». Cambia il punto di vista, il ritmo della frase - che nel testo tedesco è impresso da und nun («e allora») - e lo stile.

[259] R/S: nel testo italiano si è optato per il punto e virgola, mentre nel testo tedesco c'è un punto.

[260] R/S: la congiunzione «e» è stata inserita al posto della virgola del testo tedesco, alternando il ritmo.

[261] R/S: nel testo tedesco non è presente il punto e virgola, ma è presente la congiunzione und preceduta da una virgola (con valore grammaticale). Il ritmo del periodo è alterato.

war schaurig, und doch fühlte ich mich, auf allen Seiten fest an die Mädchen gepreßt, wohl. Wir hatten solche Angst, daß niemand aufzustehen wagte, und wenn die Eltern nach Hause kamen, fanden sie uns alle schlotternd auf einem Haufen.	stretto tutt'intorno dalle ragazze, stavo bene ed ero contento[262]. Tale era la paura[263] che nessuno di noi osava muoversi[264] e alzarsi, e quando i genitori ritornavano a casa ci trovavano ammucchiati sul divano [265] tutti tremanti.
Von den Märchen, die	Di tutte[266] le favole[267]

---

[262] S/DEST: «ed ero contento» è assente dal testo tedesco. Il traduttore, interpretando la situazione, assume il ruolo di facilitatore logico, per far comprendere meglio al lettore come si sentiva il piccolo Elia in quella situazione.

[263] PDV: Wir hatten solche Angst («Avevamo un tale paura») è stato tradotto con «Tale era la paura». Cambia il punto di vista e la frase diventa impersonale.

[264] S/DEST: nel testo tedesco compare solamente il verbo aufstehen. («Nessuno osava alzarsi»). Nella versione italiana compare «muoversi e alzarsi». Il traduttore assume il ruolo di facilitatore nel veicolare il messaggio.

[265] PDV/S: «sul divano» non compare nel testo tedesco. Nel testo italiano si sente l'esigenza di rimarcare il luogo dove si trovava Elias con le ragazze.

[266] MOD: Von den Märchen significa «Delle fiabe». Nel testo italiano compare «Di tutte le favole». Si tratta di una modulazione di senso in senso assoluto.

[267] MOD/I: si tratta di fiabe, non di favole

ich hörte, sind mir nur die über Werwölfe und Vampire in Erinnerung geblieben. Vielleicht wurden keine anderen erzählt. Ich kann kein Buch mit Balkanmärchen in die Hand nehmen, ohne manche von ihnen auf der Stelle zu erkennen. Sie sind mir in allen Einzelheiten gegenwärtig, aber nicht in der Sprache, in der ich sie gehört habe. Ich habe sie auf bulgarisch gehört, aber ich kenne sie deutsch, diese geheimnisvolle Übertragung ist vielleicht das Merkwürdigste, was ich aus meiner Jugend zu berichten habe, und da

che mi furono raccontate[268], mi sono rimaste impresse soltanto quelle dei lupi mannari e dei vampiri. Forse non se ne raccontavano altre. Non posso prendere in mano un libro di fiabe dei Balcani senza riconoscerne immediatamente più d'una. Mi sono presenti in tutti i particolari, ma non nella lingua in cui le ho ascoltate. Le ho ascoltate in bulgaro, ma le conosco in tedesco, e [269] questa misteriosa trasposizione è forse la cosa più singolare che io possa raccontare della mia infanzia, e poiché, per quel che riguarda la lingua, il

---

²⁶⁸ PDV: nel testo tedesco il soggetto della frase è ich. Die ich hörte significa «che io ascoltai». Nella traduzione italiana abbiamo «che mi furono raccontate». Cambia il punto di vista e il protagonista non è più Elias che ascolta delle favole e ne ricava delle emozioni.

²⁶⁹ R: nel testo tedesco la congiunzione «e» è assente.

das sprachliche Schicksal der meisten Kinder anders verläuft, sollte ich vielleicht etwas darüber sagen.	destino[270] della maggior parte dei bambini è diverso dal mio, dovrei forse dire qualcosa su questo punto.
Meine Eltern untereinander sprachen deutsch, wovon ich nichts verstehen durfte. Zu uns Kindern und zu allen Verwandten und Freunden sprachen sie spanisch. Das war die eigentliche Umgangssprache, allerdings ein	Fra di loro i miei genitori parlavano tedesco, lingua di cui non dovevo capire nulla. Con noi bambini, come[271] con i parenti e con gli amici, parlavano spagnolo,[272] che era poi [273] la nostra vera lingua quotidiana; ma si trattava di uno spagnolo

[270] S: Canetti utilizza l'espressione das sprachliche Schicksal («il destino linguistico»). Nel testo italiano non ci si è "arrischiati" a tradurre «destino linguistico», ma si è voluto esprimere il concetto con un'espressione più lunga («per quanto riguarda la lingua, il destino …»).

[271] S: nel testo tedesco viene ripetuta nella frase due volte la congiunzione und («e») mentre nel testo italiano si è sostituita una volta la congiunzione «e» con «come».

[272] S: Il punto del testo tedesco è stato sostituito nel testo italiano con una virgola, che precede una relativa che nel testo tedesco non è presente. Il ritmo del testo tedesco è alterato.

[273] S: l'avverbio «poi» è assente nel testo tedesco. Nel testo italiano è stato inserito per rendere più scorrevole la lettura da parte del lettore italiano.

altertümliches Spanisch, ich hörte es auch später oft und habe es nie verlernt. Die Bauernmädchen zu Hause konnten nur Bulgarisch, und hauptsächlich mit ihnen wohl habe ich es auch gelernt.	piuttosto[274] antiquato che[275] ho udito spesso anche in seguito e non ho mai più dimenticato. Le ragazzine[276] che lavoravano in casa[277] parlavano soltanto bulgaro ed è probabile che questa lingua[278] io l'abbia imparata soprattutto con loro. Ma poiché non frequentai mai una

[274] MOD: nel testo tedesco troviamo solamente altertümlich, («antiquato»). Nella traduzione italiana si è aggiunto «piuttosto», che modula il significato.

[275] S/R: È stata creata una relativa, laddove nel testo tedesco troviamo solamente una virgola. Cambia il ritmo e lo stile rispetto al testo tedesco.

[276] MOD: la parola utilizzata nel testo italiano, «ragazzine», è meno specifica di Bauernmädchen («contadinelle»).

[277] S: nel testo italiano viene aggiunta un'informazione attraverso una relativa. Testo tedesco: zu Hause («a casa»). Testo italiano: «che lavoravano in casa». L'aggiunta è presumibilmente per facilitare la comprensione del lettore italiano.

[278] I: nel testo tedesco troviamo il pronome es (riferito al bulgaro), mentre nel testo italiano si è ritenuto necessario ripetere la parola «questa lingua», che rende più scorrevole la lettura, ma non rispetta lo stile dell'autore.

	scuola bulgara e lasciai Rustschuk
Aber da ich nie in eine bulgarische Schule ging und Rustschuk mit sechs Jahren verließ, habe ich es sehr bald vollkommen vergessen. Alle Ereignisse jener ersten Jahre spielten sich auf spanisch oder bulgarisch ab. Sie haben sich mir später zum größten Teil ins Deutsche übersetzt. Nur besonders dramatische Vorgänge, Mord und Totschlag	quando avevo solo[279] sei anni, il bulgaro[280] l'ho ben presto completamente dimenticato. Tutti gli eventi di quei miei[281] primi anni si svolsero dunque[282] in spagnolo o in bulgaro. In seguito mi si sono in gran parte tradotti in tedesco. Solo eventi particolarmente drammatici, delitti e morti[283] per intenderci, [284] nonché[285] i più grandi spaventi della

---

[279] S: «solo» è un'aggiunta, assente nel testo tedesco.

[280] I/R: nel testo italiano, oltre al pronome «lo», viene sia ripetuta la parola «il bulgaro», mentre nel testo tedesco c'è solamente il pronome es, modificando l'enfasi («il bulgaro l'ho ben presto completamente dimenticato»).

[281] PDV: l'aggettivo possessivo «miei» è assente dal testo tedesco.

[282] S/DEST: «dunque» è assente dal testo tedesco.

[283] MOD: «delitti e morti» è generico. Mord und Totschlag significa «uccisioni e omicidi»

[284] R: la virgola è stata aggiunta nel testo italiano, modificando il ritmo della frase.

[285] S/DEST: nel testo tedesco troviamo la congiunzione und («e»), nel testo italiano «nonché».

sozusagen und die ärgsten Schrecken, sind mir in ihrem spanischen Wortlaut geblieben, aber diese sehr genau und unzerstörbar. Alles übrige, also das meiste, und ganz besonders alles Bulgarische, wie die Märchen, trage ich deutsch im Kopf.	mia infanzia[286], mi sono rimasti impressi nella loro fraseologia spagnola, ma in modo estremamente preciso e indistruttibile. Tutto il resto, vale a dire il più, e specialmente tutto ciò che era bulgaro, come appunto[287] le favole[288], me le porto in testa in tedesco.
Wie das genau vor sich ging, kann ich nicht sagen. Ich weiß nicht, zu welchem Zeitpunkt, bei welcher Gelegenheit dies oder jenes sich	In che modo precisamente ciò sia avvenuto, non saprei dire. Non so a che punto[289] e in quale occasione questo o

---

[286] MOD: il testo tedesco parla di die ärgsten Schrecken («i più grandi spaventi»). Il testo italiano specifica «i più grandi spaventi della mia infanzia». Attraverso questa aggiunta, il testo italiano vuole accompagnare il lettore e fornirgli maggiori particolari per una più facile fruizione del testo.

[287] S: «appunto» è assente nel testo tedesco.

[288] I/MOD: si tratta di fiabe, non di favole.

[289] MOD: «a che punto» è più generico di zu welchem Zeitpunkt, che significa «in quale momento». Si inserisce una metafora spaziale assente nell'originale.

übersetzt hat. Ich bin der Sache nie nachgegangen, vielleicht hatte ich eine Scheu davor, das Kostbarste, was ich an Erinnerungen in mir trage, durch eine methodisch und nach strengen Prinzipien geführte Untersuchung zu zerstören. Ich kann	quest'altro[290] si sia automaticamente tradotto nella mia mente[291]. Non ho mai indagato questo, forse sono stato trattenuto[292] dal timore che una ricerca metodica, condotta secondo principi severi, potesse distruggere quel che di più prezioso, in fatto di

[290] PDV/S/I: dies oder jenes significa «questo o quello». La traduzione italiana è «questo o quest'altro». Il punto di vista è leggermente diverso e diverso è lo stile. Si inserisce una ripetizione.

[291] MOD/DEST: la frase nel testo tedesco è molto breve: dies oder jenes sich übersetzt hat. («questo o quello si sia tradotto») Nel testo italiano troviamo delle aggiunte: «questo o quest'altro si sia automaticamente tradotto nella mia mente". Si specifica che il processo sia avvenuto 'automaticamente', e 'nella mente'. Si tratta di un'interpretazione del traduttore che compie anche un'intermediazione logica per spiegare l'avvenimento al lettore.

[292] MOD/DEST/S: anche in questo caso si specifica ciò che non è presente nel testo tedesco. Il testo recita semplicemente vielleicht hatte ich eine Scheu («forse avevo timore»). Il testo italiano, «forse sono stato trattenuto dal timore» specifica il meccanismo psichico, utilizzando il verbo «trattenere» utilizzando un registro più alto.

nur eines mit Sicherheit sagen: Die	ricordi, io porto in me [293]. C'è una cosa sola che[294] posso affermare [295] con sicurezza: gli
Ereignisse jener Jahre sind mir in aller Kraft und Frische gegenwärtig – mehr als sechzig Jahre habe ich mich von ihnen genährt -, -, aber sie sind zum allergrößten Teil an	avvenimenti di quegli anni mi sono ancora presenti nella memoria [296] in tutta la loro forza e freschezza – me ne sono nutrito per più di sessant'anni -, tuttavia in grandissima parte

[293] S/R: In questo periodo il testo italiano presenta una sintassi e un ritmo diversi rispetto al testo tedesco. *Vielleicht hatte ich eine Scheu davor, das Kostbarste, was ich an Erinnerungen in mir trage, durch eine methodisch und nach strengen Prinzipien geführte Untersuchung zu zerstören.* Cercando di essere il più possibile filologici, si sarebbe potuto tradurre «forse attraverso una ricerca portata avanti metodicamente e con principi severi, avevo timore di distruggere la cosa più preziosa, i ricordi che porto in me».

[294] R: l'enfasi sintattica del testo tedesco è differente. Ich kann nur eines mit Sicherheit sagen significa «Posso dire solo una cosa con sicurezza»

[295] DEST: il verbo affermare appartiene ad un registro più alto rispetto a «dire» (*sagen*)

[296] S/DEST: «nella memoria» è un'aggiunta del testo italiano. Il testo tedesco si limita a dire sind mir … gegenwärtig («mi sono presenti»)

Worte gebunden, die ich damals nicht kannte. Es scheint mir natürlich, sie jetzt niederzuschreiben, ich habe nicht das Gefühl, daß ich dabei etwas verändere oder entstelle. Es ist nicht wie die literarische Übersetzung eines Buches von einer Sprache in die andere, es ist eine Übersetzung, die sich von selbst	sono legati a vocaboli[297] che io allora non conoscevo. Mi sembra naturalissimo[298] metterli ora sulla carta, non ho affatto[299] l'impressione di mutare o deformare alcunché. Non è come la traduzione letteraria di un libro da una lingua all'altra, è una traduzione che si è compiuta spontaneamente[300],
im Unbewußten vollzogen hat, und da ich dieses durch übermäßigen Gebrauch	nel mio[301] inconscio, e poiché io evito come la peste questa parola che ha perduto ogni reale

[297] DEST/MOD: Worte in questo caso avrebbe potuto essere tradotto con «parole». «vocaboli» appartiene ad un registro più alto e specifico.

[298] MOD/S: l'aggettivo natürlich (naturale) nel testo tedesco non è al superlativo assoluto. Viene alterato lo stile asciutto di Canetti che raramente utilizza i superlativi.

[299] S: «affatto» è un'aggiunta del testo italiano che snatura lo stile dell'autore.

[300] DEST: von selbst significa «da sé». «spontaneamente» alza il registro.

[301] PDV: l'aggettivo possessivo «mio» non è presente nel testo tedesco

nichtssagend gewordene Wort sonst wie die Pest meide, mag man mir seinen Gebrauch in diesem einen und einzigen Falle nachsehen.	significato grazie all'uso smodato che se ne fa[302], mi si voglia perdonare se l'adopero in questo solo e unico caso.

---

[302] S: la frase tedesca contiene una costruzione attributiva che in italiano va svolta. Per stile, si sarebbe potuto tradurre «e poiché io solitamente evito come la peste questa parola diventata insignificante a causa del suo uso smodato». Il testo italiano contiene facilitatori logici.

Appendice 3: Valutrad

Le due appendici precedenti, e l'intero lavoro di raffronto originale/traduzione, si basano sulla mia tabella Valutrad, che è nata – in una versione precedente – nella nostra Civica nei primi anni duemila.

Creata originariamente nell'àmbito della mia tesi di dottorato nel 2002, sotto la supervisione del professor Peeter Torop dell'Università di Tartu, e adattata poi alle esigenze concrete della valutazione nella nostra scuola, nella quale prima era esistito solo un "paniere" dei voti, si è via via evoluta anche nella scuola stessa, con una serie di corsi di formazione e aggiornamento sul tema tenuti negli anni successivi.

Nel 2017 è poi nata la versione 2 di questa tabella, che riporto di seguito, nell'àmbito di una ricerca che ha avuto come frutto la pubblicazione dell'articolo «Cognitive distortion, translation distortion and poetic distortion as semiotic shifts», a cui rimando gli interessati.

Tale seconda versione è stata recepita anche nella seconda edizione del mio libro *Traduzione e qualità*, a cui pure rimando gli interessati.

macrocateg	categoria	sigla	spiegazione	ricadute	esempi

intratesto, intertesto, realia, cacofonia, rima	I	uso di sinonimi, ripetizioni, rimandi intratestuali rimandi intertestuali, realia	sinonimizzazione e desinonimizzazione. coglimento di rimandi interni da un capo all'altro del testo. ridondanza lessicale migliore/peggiore coglimento dei rimandi esterni ad altri testi o altre culture	eliminazione (volontaria o involontaria) dei rimandi interculturali o intertestuali e delle ripetizioni volutamente disseminati in parti diverse del testo per creare rimandi esterni dal testo ad altri testi/culture
stile personale	S	migliore/peggiore rendimento dello stile	migliore/peggiore resa dello stile	sostituzione di congiunzioni alle virgole in un autore che ha la ripetizione della virgola come tratto poetico
cadenza, enfasi sintattica	R	enfasi, ordine delle parole, cadenza, punteggiatura, rima	è stato alterato uno di questi elementi, modificando il ritmo del testo. enfasi, ordine delle parole. dislocazioni, frase scissa, ordine anomalo delle parole che determina diversa accentuazione della frase	il capoverso dell'originale scompare nella traduzione o viceversa ne compare uno prima inesistente. È te che volevo → Io volevo te
indicalità, punto di vista,	P D V	deittici, rimandi interpersona	migliore/peggiore riproduzione del punto di	questo/quello ora/allora qui/là

o
r
i
a

d
i
s
t
o
r
s
i
o
n
i
d
e
l
l
a
r
e
l
a
z
i
o
n
e

	riferimento interpersonale		li, punto di vista	vista del narratore o del personaggio, ideologia personale	
	destinatario (registro, tipo di testo, spostamento)	D e s t	registro, tipo di testo	uso di parole di registro uguale a/diverso da quello desiderato. migliore/peggiore	parmi d'udire un botto → cos'è 'sto casino?
d i s t o r s i o n i d e l l a r e a l t à	cambiamento radicale di senso (aggiunta, omissione)	M	cambiamento radicale di senso riguardante una parola o più, mistranslation	l'errore è tale da compromettere il senso generale della frase	the triumph of spirit over circumstance → il trionfo della spiritualità sul caso
	modulazione di senso (specificazione o generalizzazione)	M O D	modulazione: specificazione-generalizzazione, parole-termini, ambiguazione-disambiguazione	una parola è resa più specifica o più generica. un termine è diventato parola comune o viceversa. ridondanza semantica. modifica del livello di ambiguità di un'espressione in entrambi i sensi	non mi dà fastidio, lo sopporto
	calchi semantici	C S	Calchi Semantici e Sintattici	calco di parola che determina senso diverso e incomprensibile	il tuo comportamento è morbido
d i s	presunzione enciclope	E L	Enciclopedia - precisione fattuale -	la dotazione enciclopedica della traduttrice	blue helmets → elmetti celesti

torsioni della conoscenza	dica e logica		conoscenza del mondo Logica	è insufficiente a colmare l'implicito culturale. la logica della traduttrice è insufficiente a colmare l'implicito culturale	sapeva che non sarebbe sopravvissuta alla propria morte
	ancoraggio, focalismo, uso, leggibilità	U	uso: locuzioni, collocazioni, calchi non semantici, resa inefficace	una singola parola, sebbene non semanticamente sbagliata, è collocata in modo involontariamente marcato	l'ho mandato in quella città (anziché "a quel paese") è supposto saperlo

Riferimenti bibliografici

Bertinelli Anna 2019 *Elias Canetti, La lingua salvata. Storia di una giovinezza. Si è salvata la lingua? Analisi comparativa*, tesi discussa presso la Civica scuola per Interpreti e Traduttori «Altiero Spinelli», Milano, 10 dicembre 2019.

Canetti Elias 1977 *Die gerettete Zunge. Geschichte einer Jugend*, München Carl Hanser.

Canetti Elias 1980 *La lingua salvata. Storia di una giovinezza*, Milano Adelphi. Traduzione di Amina Pandolfi e Renata Colorni.

Gullo Serena 2019 *Analisi comparativa prototesto-metatesto di La lingua salvata: Storia di una giovinezza di Elias Canetti*, tesi discussa presso la Civica scuola per Interpreti e Traduttori «Altiero Spinelli», Milano, 15 ottobre 2019.

Osimo Bruno; Osimo Sofia Adelaide 2017 «Cognitive distortion, translation distortion and poetic distortion as semiotic shifts». *Ars Aeterna* 9(2):1-17.

Osimo Bruno 2019 *Traduzione e qualità. Seconda edizione.* Milano.

Dello stesso editore

Bruno Osimo Ce l'hai scarico da un pezzo
Bruno Osimo Sei un vaso di fiori di campo
Bruno Osimo La scoiattola d'autunno

Bruno Osimo Semiotica semplice
Bruno Osimo Semiotics for Beginners
Bruno Osimo Semiotica per principianti
Lev Vygótskij, Pensiero e parola
Charles Sanders Peirce Filosofia della mente
Jurij Lotman Il testo nel testo
Jurij Lotman Le tre funzioni del testo
Jurij Lotman Autocomunicazione: «Io» e «Un altro» come destinatari
Jurij Lotman Le mie memorie 1922-1940
Jurij Lotman La semiosfera: culture
Jurij Lotman La cultura e l'intelligentnost'
Jurij Lotman Il ruolo dell'arte nella cultura
Jurij Lotman Asimmetria e dialogo
Jurij Lotman Il modello della struttura bilingue
Peeter Torop La semiotica della cultura. Introduzione alla scuola di Tartu fondata da Lotman.
Peeter Torop Biografia privata di Lotman attraverso gli autoritratti. Il discorso interno di uno studioso
Peeter Torop La transmedialità dell'autocomunicazione della cultura
Peeter Torop Sugli inizi della semiotica della cultura alla luce delle tesi della scuola di Tartu-Mosca

Opere di Gógol'

La lettera scomparsa
Notte di maggio ovvero L'annegata
La sera della vigilia di Ivàn Kupàla
La fiera di Soróčinci
Memorie di un pazzo

Opere di Solženìcyn

L'arresto. Vivere e morire ai tempi dei gulag
L'istruttoria. Torture, false confessioni, gulag
Storia delle fogne russe. Ondate di deportazione in gulag
La donna in lager. Vita quotidiana nei gulag

Opere di Dostoevskij

Notti bianche
Memorie dal sottosuolo
Il villaggio di Stepàncikovo e i suoi abitanti

Opere di Leskóv

L'ebreo in Russia
Il pellegrino incantato. Il mancino
L'angelo sigillato. L'ebreo in Russia

Opere di Bulgàkov

Comune operaia № 13
Il mago nero
Ho ucciso e altri racconti

Opere di Pùškin

Evgénij Onégin

Fiabe popolari

Sivko-burko. Fiaba popolare russa
Fiaba su Ivàn-zarévič, sull'uccello-brace e sul lupo grigio. Fiaba popolare russa

Sulla traduzione

Peeter Torop Total Translation
Vlahov Florin The Translation of Realia
B., S.A. Osimo Cognitive distortion, translation distortion, and poetic distortion as semiotic shifts
Bruno Osimo On Psychological Aspects of Translation
Bruno Osimo Literary translation and terminological precision: Chekhov and his short stories
Bruno Osimo Basic notions of Translation Theory
Bruno Osimo Translation Studies. Contributions from Eastern Europe

Bruno Osimo Handbook of Translation Studies
Bruno Osimo Juri Lotman's Translation Handbook
Bruno Osimo Dictionary of Translation Studies
Bruno Osimo History of Translation
Bruno Osimo Roman Jakobson's Translation Handbook
Bruno Osimo The Translation of Culture
Bruno Osimo Prototext-metatext translation shifts
Anton Popovič La scienza della traduzione
Peeter Torop La traduzione totale
Aleksandar Lûdskanov Un approccio semiotico alla traduzione
Vlahov Florin La traduzione dei realia
Revzin Rozencvejg Manuale di semiotica della traduzione
Jiří Levý La creatività linguistica e letteraria del traduttore
Jiří Levý Stile letterario e stile traduttivo. Come si forma il traduttese
Zuzana Jettmarová Teoria ceca della traduzione
B., S.A. Osimo Distorsione cognitiva, distorsione traduttiva e distorsione poetica come cambiamenti semiotici
Bruno Osimo Manuale del traduttore di Giacomo Leopardi
Bruno Osimo Peeter Torop per la scienza della traduzione
Bruno Osimo La traduzione totale. Spunti per lo sviluppo della scienza della traduzione
Bruno Osimo Teoria della mediazione linguistica
Bruno Osimo Traduzione come metafora, traduttore come antropologo
Bruno Osimo La memoria della cultura: traduzione e tradizione in Lotman
Bruno Osimo Traduzione e nuove tecnologie
Bruno Osimo Terminologia semiotica e scienza della traduzione
Bruno Osimo La lingua non salvata
Bruno Osimo Traduzione giuridica e scienza della traduzione
Bruno Osimo Traduzione della cultura
Bruno Osimo Traduzione letteraria e precisione terminologica
Bruno Osimo Traduzione e qualità
Bruno Osimo Traduzione: aspetti mentali
Bruno Osimo La traduzione totale di Peeter Torop

Federico Bario Come batteva il tamburo
Aleksandr Ânov Le origini dell'autocrazia
Anatolij Rybakov Gli anni del grande terrore
Raffaello Giovagnoli Spartaco
Mihail Arcybašev Sangue
Mikhail Artsybashev Blood

Julija Voznesenskaja Decamerone delle donne
Solomon Volkov Pietroburgo. Storia culturale
Solomon Volkov Šostakovič e Stalin: l'artista e lo zar
Howard Rheingold Comunità virtuali
Bruno Osimo Il poeta in affari veniva da molto lontano
Bruno Osimo Esercizi di stile traduttivo
Bruno Osimo Melanzane dall'antipasto al dolce
Bruno Osimo Dizionario di psicoanalisi
Lucilla Porta, Una sorta di affetto. Romanzo
Tamara Nigi, Stazioni di transito. Haiku scritti sull'acqua
Poesia nascosta. Seicento ricette di cucina ebraica in Italia